「ヨコミネ式」天才づくりの教科書

いますぐ家庭で使える

「読み・書き・計算」の教材

横峯吉文

Yokomine Yoshifumi

講談社

「ヨコミネ式」天才づくりの教科書

いますぐ家庭で使える「読み・書き・計算」の教材

目次

はじめに「できない子」のレッテルが貼られるまえに……8

第1章 ヨコミネ理事長の「子育て語録」……13

その1 子育てのゴールは「自立させること」である……14
その2 すべての子どもは天命を授かっている……16
その3 男の子と女の子は平等だが同質ではない……18
その4 「いい親」になろうとするな……20
その5 独学にまさる学校はない……22
その6 子どもには、やる気を引き出すスイッチがある……24
その7 「知識」より大切なのが「基礎学力」である……26
その8 人間関係が不得意な子どもなんていない……28

第2章

ヨコミネ理事長が案内する「通山《とおりやま》保育園の1日」

ヨコミネ理事長が案内する「通山保育園の1日」……31
8時30分 かけっこで始まる通山保育園の1日……38
9時00分 みんな真剣！ 読み・書き・計算の「自学自習」タイム……45
10時00分 元気いっぱい朝の会……61
10時30分 かけっこと体操で「体の力」をとことん鍛える……71
12時00分 さあ給食！ ヨコミネ式食育とは……82
14時00分 14人のちびっこ楽団が元気に奏でる『荒野の七人』……90
16時00分 学童クラブの児童たちとの交流……95
スペシャル企画 必読！ 通山保育園Aクラス保護者座談会……102
通山保育園（鹿児島県志布志市）の園児アンケート……113

第3章

いますぐ家庭で使える「ヨコミネ式教材」を初公開！ 117

「ヨコミネ式教材」を実践するまえに 118

家庭で使えるヨコミネ式教材　その1 **読み** 122

ステップ1　拾い読み 125

ステップ2　すらすら読み 126

ステップ3　小学生レベルの本に挑戦！ 129

井上心春《いのうえこはる》ちゃんの「本読みノート」より 132

家庭で使えるヨコミネ式教材　その2 **書き** 138

ステップ1　「ヨコミネ式」で学ぶ文字 140

ヨコミネ式95音 140

ヨコミネ式漢字表 152

ステップ2　やさしい心を育てる「書写」 162

ステップ3　親子の会話で上達する「作文・日記」 166

【第1レベル】 したことを書きましょう ……166
【第2レベル】 感想を書きましょう ……169
【第3レベル】 自由に書きましょう ……171

家庭で使えるヨコミネ式教材 その3 **計算** ……176

ステップ1 「すうじ」と「かず」 ……179
ステップ2 「たまたまさんすう」と「たまたまたしざん」 ……192
ステップ3 「いくつといくつ」 ……210
ステップ4 「たまたまたしざん くりあがり」 ……214
ステップ5 「たまたまひきざん」と「たまたまひきざん くりさがり」 ……220
ステップ6 「おおきいかず」 ……228
ステップ7 「チェリーけいさん」 ……230

スペシャルレポート **全国に急増する「ヨコミネ式導入園」の真実** ……234
青葉幼稚園（東京都稲城市）の保護者アンケート ……248

おわりに 「ヨコミネ式」の野望 ……250

【撮影】……………加藤雅昭
【イラスト】………丸山誠司
【構成】……………山野井春絵
山本敬子
（ネオパブリシティ）
【ブックデザイン】…竹内雄二

「ヨコミネ式」天才づくりの教科書

いますぐ家庭で使える「読み・書き・計算」の教材

はじめに

「できない子」のレッテルが貼《は》られるまえに

鹿児島《かごしま》で私が経営する3つの保育園の子どもたちの様子が、フジテレビの番組『エチカの鏡』で放映されてからというもの、たいへんな反響がありました。

子どもたちのだれもが「読み・書き・計算」をマスターし、跳び箱を軽々と跳んでみせ、鍵盤《けんばん》ハーモニカを自在に演奏します。3歳から卒園までに、自学自習の基礎と、自立した強い心を身につけていく姿がとても衝撃的だったようです。

なぜ私が、幼い子どもたちにそこまでさせるのか。

落ちこぼれは、小学校に入るまえから生まれているという事実に気づいたからなのです。落ちこぼれに足りないものは「自立心」。これを養うには、どうしたらいいかと試行錯誤してたどり着いたのが「ヨコミネ式」と呼ばれる幼児教育法です。

子どもには、小学校に入るまえに何を準備してあげたらいいのでしょうか？

小学校が親に求めること、それは「自分の名前くらいは書ける（読める）ようにしておいてください」ですね。ところが、この言葉を鵜呑《うの》みにしていては、たいへんなことになります。なぜなら、小学校のなかには、1年生の夏休みの宿題に読書感想文を書かせるところがあるからです。名前だけが読める程度で入学した子どもが、たった4ヵ月でそこまで成長すると思いますか？

小学校入学はあくまでもスタートラインだから、入学まえはのびのびとやらせればいい……。そういう考えもあるかもしれません。

しかし、想像してみてください。教室には、さまざまな幼稚園や保育園の子どもたちが集まってきます。横並びで入学したはずの小学校1年生で、すでに基礎学力や基礎体力を身につけている子といない子が、席を並べたらどうなるでしょう。あっという間に読書感想文を課される夏休みがやってきて、その間に「できる子」と「できない子」のレッテルが貼られてしまったら……。

スタートラインで劣等感を抱いてしまうと、子どもは勉強や運動がきらいになって自信を失います。こうした体験は、その後の不登校や非行の火種になります。放っておけば、人生に目的を見いだすことのできない人間になってしまうかもしれないのです。

小学校1年生の勉強くらいで、何を大げさな、と思われますか？

できない子のやる気を失わせるのは、劣等感と甘えのふたつの感情です。「自立心」が養われぬまま、このふたつの感情に支配されると、つぎのステップへ進むまえにすねてしまい、勉強も運動も努力することを放棄するようになるのです。

いま全国に、ニートと呼ばれる若者が85万人もいるそうです。彼らはどこでつまずいたのでしょうか。これはあくまでも私の推論ですが、小学校入学まえにほとんどの原因があります。「三つ子の魂百まで」とはよく言ったものです。

私は「幼児活動研究会／日本経営教育研究所」のみなさんとともに、「ＹＹプロジェクト（ヨコミネ式教育法）」というものを提唱していますが、おかげさまで多くの方々にご理解いただき、ヨコミネ式幼児教育は全国に広がりつつあります。しかし、まだまだ机上の空論を振りかざす教育者や、甘やかすことが愛情だと勘違いしている幼稚園や保育園だらけなのが、日本の幼児教育の現状です。

最近、「自宅の近くにヨコミネ式の導入園がないのですが、家庭で実践するにはどうしたらいいのでしょう」という問いあわせを全国からいただくようになりました。

そんな問いあわせにお応えする意味もあって、本書では年長クラスの１日を詳しく紹介しました。また、教材の紹介に多くのページを割きました。教材は導入園でしか販売していませんが、本書では、家庭でも実践できるように、教えるときのヒントをわかりやすく解説しています。とくに、「読み」「書き」「計算」にしぼって、門外不出の教材も初公開しました。

本書を教材代わりに活用すれば、ヨコミネ式幼児教育は、きっとみなさんの家庭でも実践できるはずです。

では、前置きはこのくらいにして、まずは私の「子育て語録」からお読みください。

第1章

ヨコミネ理事長の「子育て語録」

ヨコミネ理事長の「子育て語録」その1

子育てのゴールは「自立させること」である

受験戦争が年々低年齢化するなか、「子育て」と「教育」を混同している親がとても多いと感じます。以前は「いい大学に入ってほしい」だった親の希望が、いまでは「いい大学に行くために、いい中学校、いい小学校に入ってほしい」に変わっているのです。

とくに都会では、この傾向が顕著です。経済力のある親はそのための準備をできるだけ早くと英才教育に力を入れる。経済力のない親は諦観《ていかん》し、劣等感を抱いて落ちこぼれる子が出てくる。格差社会は、こんなところからも芽生えているのです。

とはいえ、経済力のある親の子がすべて親の望みどおりに成長するとも限りません。引きこもりや非行に走るのは、多くが溺愛《できあい》されて育った子どもたちです。そう考えると、今後の日本を支える子どもたちは、総じて危うい感覚のもとに育てられていると言わざるを得ません。社会の構造自体が、子どもをダメにしてしまっているのです。

勉強だけできるようにすることが、子育てではありません。子どもの頭と体を鍛え、強い心を育てる、それこそが親の使命なのです。強い心を持つ子は、勉強も運動も投げ出すことはありません。将来自分のすべき仕事を見つけ、自分で稼ぐことができます。

子育てのゴールとは、その子を自立させることです。親に甘えず、頼らず、自分の力で人生を切り開いていく人間にする。精神的、経済的に自立をし、だれにも迷惑をかけない人生を送ってほしい。教育は、そのための一手段なのです。

ヨコミネ理事長の「子育て語録」 その2

すべての子どもは天命を授かっている

私にはとくに傾倒する宗教があるわけではありませんが、人間がこの世に生まれた使命、「天命」は必ずあると信じています。

しっかりとした子育てで、天が与えたひとりひとりの役割を引き出してあげれば、落ちこぼれる子、不幸になる子はいなくなると考えています。

いい学校、いい会社に入ることが日本人の目標のようにされていますが、私は、それぞれの人が自分の適職を見つけて、社会に貢献することこそが大切なことだと考えます。それが、天命を全うするということなのです。

この世に意味のない生命はありません。ミミズにだって、立派な天命があります。土の中で有機物を分解して、畑を耕してくれる。ミミズのおかげで、おいしい野菜ができるわけです。しかし、ミミズは何か教育を受けてこの役割を果たしているわけではありません。人間以外の生き物は、だれに学ぶでもなく、きちんと天命を果たしていきます。

それぞれの天命が異なり、その天命を知るためにきちんとした子育て、教育が必要な動物は、地球上で人間だけです。しかもその教育は、最初のところで間違えてしまうとなかなか軌道修正が利きません。だから大人は責任重大なのです。

子育てをゆだねられた大人たちが、いま、たくさんの間違いを起こしています。これが、現代社会に起こるさまざまな問題のもと。「天命」の意味をいま一度考え、しかるべき時期に、適切な子育てをする必要があるのです。

ヨコミネ理事長の「子育て語録」　その3

男の子と女の子は平等だが同質ではない

甘やかさない。抱きしめない。叩《たた》くべきときには叩く。

2歳を過ぎたらなるべく子どもを突き放せという私の子育て論は、ときにスパルタ的だと批判されます。しかし、とくに男の子を育てる場合は、スパルタ的にならざるを得ない局面があります。

なぜなら、男の子は宇宙人のようなものだから。何かに夢中になると周囲が見えなくなる、現実と物語の区別がつかない、落ち着きがない……それが、男の子です。

彼らの育てかたを間違えると、問題を抱えたまま大人になってしまいます。引きこもったり、非行に走ったり、残虐な犯罪を犯したり……。社会で重大な問題を起こすのは、いつも男です。もともと気が短く、暴力的な要素を抱えているのが男の子。子育てには、心してかからなければなりません。

子どもたちに将来何になりたいかと問えば、女の子はお菓子屋さん、お嫁さんなど具体的に答えるものですが、男の子はほとんどがテレビで観るヒーローになりたいと言います。男の子は潜在的に強くなりたいと考えている生き物で、本来の臆病《おくびょう》な性質をなんとか変えていきたいと望んでいます。

一方、女の子は「母性」を持って生まれてきます。命がけで子どもを産み、育てるというのは、生半可のことではありません。母性があるため、女の子は芯《しん》が強く、理解力に優れている。だから育てやすいのです。

私の園では勉強も運動も基本的には平等にさせていますが、レスリングは男の子だけにやらせ、キャンプの料理当番は女の子にさせるなど、男女それぞれの性質を生かすことを心がけています。子どもたちはそれぞれの役割を認識することで、能力をさらに伸ばしていくのです。

ヨコミネ理事長の「子育て語録」　その4

「いい親」になろうとするな

「うちは子どもの考えに任せて、自由にさせています」

「この子の個性を伸ばしたいので、強制はしません」

こういうことを言うお母さんがいます。

そんなお母さんの子どもに限って、ファミリーレストランで走り回ったり、夜遅くまで起きていたりします。お母さんもお母さんで、電車に乗れば靴をはいたまま座席に上る子どもを叱《しか》りもせず、だれかに注意されれば逆ににらみ返したりしています。

人間は、子育てなしには社会性を身につけることができません。子どもの考え、個性などは、人間としての基礎ができてこそ表れてくるものです。いいことはいい、悪いことは悪いと幼い頃《ころ》からきちんとしつけておかなければ、その子は問題児のまま育ちます。子どもが悪いわけではありません。子どもの顔色をうかがう、親のほうが問題なのです。子どもが泣くと面倒なので叱らない。子どもが嫌がることはかわいそうだからさせない。いったい、親が子どもの機嫌をとって、なんになるでしょう？

子どもはお母さんが大好きです。どんなにこわくても、どんなにきびしくても、それが愛情のあるしつけであれば、お母さんをきらいになることはありません。体裁だけの「いい顔」をやめて、本気で子どもとぶつかってみてください。

放棄と放任を間違えないで。過剰な干渉は溺愛です。

子どもをしっかりと見つめながら、自立を促す子育てをしてほしいと思います。

ヨコミネ理事長の「子育て語録」 その5

独学にまさる学校はない

25年まえ、ある新聞社の鹿児島《かごしま》支局長が、私のところに取材に来ました。話のなかで「どうしてあなたは、新聞記者になれたんですか?」と聞くと、こんなことを言いました。

「ぼくを新聞記者にしたくて、親父がいい仕掛けをしてくれたんです」

彼が小学校に入るまえのこと。ある朝、小学生新聞の記事の切り抜きが机に置いてあったそうです。お父さんは「今日からおまえは毎日これを写しなさい」と言いました。

1年後、お父さんは彼に辞書を買い与え、今度は「わからない漢字をこれで調べなさい」と言いました。彼は毎日それを続け、お父さんはその成果を毎日チェックしたのです。はじめのうちは、習っていない漢字がたくさん出てくるのでずいぶん苦労したそうです。サボりたくても、お父さんは許してくれない。しかし、たいへんさのひと山を乗り越えると、読める漢字が急に増えてきて、たのしくなってきたことに彼は気づきました。

自分から進んでこの書写と言葉調べを続けるうち、彼は小学校で「漢字博士」と呼ばれるようになりました。さらに10年以上毎日20分間、こつこつ積み上げていきました。

「私が新聞記者になれたのは、この独学のおかげです」

たかが20分、されど20分。なんでも10年続ければ一流になれると、私はこの話を聞いて確信しました。私の園で子どもたちが取り組んでいる自学自習は、独学につながる土台づくり。これが身につけば、受験だろうと資格試験だろうと、恐れることはありません。

ヨコミネ理事長の「子育て語録」その6

子どもには、やる気を引き出すスイッチがある

テレビに登場した園児たちのことを、撮影用に選《え》りすぐったのではないかと思われた方もいるようですが、まったくそんなことはしていません。教室にいた子どもたちは、全員が同じクラスのいつもどおりの子どもたちです。3歳から取り組めば、どんな子だってあれくらいのことができるようになります。

以前は私も、子どもの能力には個人差があると思っていました。

賢い親の子は、覚えが早い。それは確かです。しかし、そうでない親の子は、どうしようもないのだろうか。これが私の長年のテーマでした。

試行錯誤をくり返すうちに、

「子どもは押しつけると嫌がるが、たのしければなんでもする」

ということに気づいたのです。なるほど、これは「スイッチ」だなと思いました。さらに観察すると、4つのタイミングにそれぞれスイッチが存在するとわかってきました。

① 子どもは競争をしたがる
② 子どもはまねをしたがる
③ 子どもはちょっとだけむずかしいことをしたがる
④ 子どもは認められたがる

遊び、運動、勉強、食事、掃除……あらゆる局面で、このスイッチを入れてやったところ、子どもはグングンと伸びていきました。

親の遺伝子は子に引き継がれ、たしかに多くの面が似るものです。しかし、私の園に落ちこぼれがいないという現実は、子どもの能力に差なんてない、あるのはスイッチが入りやすいか入りにくいかという時間差の問題だけ、そう私に教えてくれたのです。

時間はかかっても、タイミングよくスイッチを入れてやれば、どんな子だってみんなと同じことができるようになります。

ヨコミネ理事長の「子育て語録」 その7

「知識」より大切なのが「基礎学力」である

教育基本法には、教育の目標として「幅広い知識と教養を身につけ……」とあります。これに従って、小学校では「知識を得る」ことを主眼とした教育が行われています。

しかし、考えてみてください。テレビやインターネットが普及し、現代の子どもたちの周辺には情報があふれています。状況は50年まえと格段に変化しています。

情報がない時代は、知りたいという欲求から「知識」を求めたものです。しかし、いまは黙っていても情報が向こうからやってきます。そんな世の中で、「知識を身につけよ」というのはナンセンスです。

知識は与えるものではなく、能動的に手に入れてはじめて役に立つもの。まずは、私たちは子どもたちに、知識を受け入れる器づくり（頭脳づくり）を施してやらなければなりません。それが、「基礎学力」をつけるということです。

基礎学力があれば、知りたかったことが書いてある本を探し当て、読むことができる。自然と自分から知識をつかみとりに行こうとするのです。

この基礎学力が身につくのは、小学校4年生までだと私は考えています。できれば頭の柔らかい3歳から10歳までの間に、自学自習を習慣にしてあげましょう。

この時期に子どもたちが培うもの、それこそが、その後の人生を左右すると言っても過言ではありません。

ヨコミネ理事長の「子育て語録」 その8

人間関係が不得意な子どもなんていない

私の園に、いじめは皆無です。ケンカも、めったにありません。

なぜでしょう? ケンカっ早い男の子にはレスリングをさせたりして、エネルギーを発散させているせいもありますが、何よりも、子どもたちに相手のことを理解しようとする気持ち、コミュニケーション能力が身についているからだと考えています。

人間関係がもともと苦手な子なんて、ほんとうはいません。

「あの子、頭はいいけど、人間関係が苦手だから不登校になった」

残念ながらその子は頭がいいわけではありません。特定の科目の勉強が曲芸的にできるようになっただけで、基礎的な国語力が欠落しているのだと思います。

すべての勉強において、私がいちばん大切だと思うのは国語です。読み書きができるようになり、日常のなかでいろんな人と接し、さまざまな経験を積むことで、読解力がついていきます。読解力がつくと、想像力が伸びます。想像力が伸びれば、自分がどうされたらうれしいと思うか、悲しいと思うかと考えながら、相手にとって最善なことをしてあげられるようになります。つまり、国語力がコミュニケーション能力を高めるのです。

仕事の8割は、人とのコミュニケーションで成り立っています。将来子どもが自立するためには、コミュニケーション能力が欠かせません。

そのための読み書きであり、基礎学力づくりです。

基礎学力と強い心さえあれば、人はどんな環境に置かれても、良好な人間関係を保ち、幸せに生きていくことができると私は信じています。

第2章

ヨコミネ理事長が案内する「通山《とおりやま》保育園の1日」

甘やかさない、抱きしめない、それが「ヨコミネ式」幼児教育

私が理事長を務める社会福祉法人純真《じゅんしん》福祉会は、現在、鹿児島県志布志市《かごしましぶしし》内で、3つの保育園とふたつの学童クラブ、太陽《たいよう》の子《こ》山学校演習場、太陽の子児童館を運営しています。

私が直接、何か授業を持つということはありません。基本的には職員たちにすべてを任せ、気が向いたら子どもたちの様子を見てまわり、叱咤《しった》激励しているだけ。

園児たちはそんな私のことを「理事長先生」と呼び、ませた小学生たちは「社長」と呼んだりします。子どもたちにとって私は、何をしているんだかよくわからないけれど、先生たちのボスであり、こわくて、やさしいおじさん、といったところでしょう。

私だけでなく、職員たちも、子どもに何かをつきっきりで教えるということはありません。子どもたちは自分がしたいことをする。それが計算問題を解くことであったり、読書だったりするだけで、何も特別なことはしていないつもりです。

最近の当園は、テレビ番組に取りあげられた影響で、ほかの幼稚園・保育園の方々や、各自治体からの見学者が後を絶ちません。みなさん、鹿児島空港からバスで2時間もかか

るこの海沿いの田舎町に、いったい何があるのだろうと不思議な顔をして見に来られます。朝早くから夕方まで、子どもたちのありのままの姿を見ていただきますが、帰る頃《ころ》にはほとんどの方が「びっくりしました」「感動しました」と言ってくださいます。

私たちにとっては、ごくごく自然な毎日が、どうしてこんなに注目されるのか。職員たちも首をかしげているのですが……。

通山保育園・伊崎田《いさきだ》保育園・たちばな保育園の3園とも、Aクラス（年長・5歳児）、Bクラス（年中・4歳児）、Cクラス（年少・3歳児）、Dクラス（2歳児）、Eクラス（1歳児）、ひよこ組（乳児）の全6クラスからなっていて、1園が約60名の子どもたちを預かっています。

乳児から特別な教育をしているのかと誤解されることもありますが、D・E・ひよこ組の幼少クラスは、ほかの幼稚園・保育園ととくに変わりはないと思います。

D・E・ひよこ組の大まかなスケジュールは以下の通りです。

〈Dクラス・Eクラス・ひよこ組の1日〉

9時まえ　登園

9時～9時30分　トイレ、朝の会

9時30分〜10時　おやつ
10時〜11時　自由遊び、かけっこ
11時〜11時20分　トイレ、着替え
11時20分〜12時30分　給食、歯磨き、トイレ
12時30分〜15時30分　昼寝、トイレ
15時30分〜16時　おやつ
16時　帰りの会

どうですか、とくに変わったところはないでしょう？

ひよこ組の子どもたちはまだほとんど赤ちゃんですから、見ていてもほんとうにかわいいものです。ふとした瞬間に見せる何気ない仕草や表情、かわいらしい声で発する喃語《なんご》、それらすべてにいとおしさを感じます。

私は、２歳くらいまでの子どもは、安全を確保しつつ、のびのびと自由に、愛情をたっぷり注いで保育してあげればいいと考えています。

これは、家庭でも同じこと。２歳までは、トイレや食事など、赤ちゃんから子どもへ移行する基礎的なトレーニングを優先しながら、思う存分かわいがってあげてください。

3歳まえになると、おむつが取れて、自分でトイレができるようになってきます。このあたりが、「自立」の第1ポイントです。ここからは、親は自分の子がどんなにかわいくとも、過保護をやめる覚悟を持ってください。

甘やかさないこと。

むやみやたらに、抱きしめないこと。

この時期の子どもはスポンジのようになんでも吸収していきます。いいことも覚えるかわりに、ズルをすることも覚えるのです。

たとえば歩いているとき、まだまだ余力があってもグズるとお母さんがバギーにのせてくれる。ケンカをして泣いて帰れば、「かわいそうに」と抱きしめてもらえる。本は自分で読まなくてもお母さんが耳元で読み聞かせをしてくれる……。見せかけの溺愛《できあい》は、子どもをどんどん怠《なま》ける子、ズルい子にしてしまいます。

3歳にもなれば、体力もしっかりしてきますし、多少きびしく接したところで、子どもがへこんでしまうということはありません。いつでも褒めるということをやめて、凛《りん》とした態度で臨みましょう。そして、ここぞというところで褒める。抱きしめる。それは、子どもの人間性を認めてやるということです。

子育ての最終的な目的は、「自立」です。人間は認められることで自立していくのです。

当園では、3歳のCクラスからいわゆるヨコミネ式の幼児教育がスタートします。1日の過ごしかたを、まずはご紹介します。

〈保育園の1日〉

	Aクラス（年長）	Bクラス（年中）	Cクラス（年少）
8時まえ	登園	登園	登園
8時30分	かけっこ	かけっこ	かけっこ
9時〜10時	自学自習（読み・書き・計算）		
10時〜10時30分	朝の会	朝の会	朝の会
10時30分〜11時	かけっこ	かけっこ	音楽
11時〜12時	体操	音楽	かけっこ
12時〜13時	給食・歯磨き・掃除		
13時〜14時	本読み	本読み	本読み
14時〜15時	音楽	体操	昼寝
15時〜15時30分	おやつ	おやつ	おやつ
15時30分〜16時	帰りの会	帰りの会	帰りの会

16時〜　　自由遊び　　自由遊び　　自由遊び

このスケジュールをご覧になって、すぐに気づいた方もいると思いますが、当園では、A・Bクラスになると、もう昼寝はさせていません。

昼寝は、日本の保育園の悪《あ》しき習慣だと思います。まだまだ多くの園では、年長まで昼寝を義務づけているようですが、給食を食べて、お腹がいっぱいになったらすぐ昼寝……こんな習慣を、小学校に上がる直前まで続けていては、いざ小学生になってからがたいへんです。

昼寝を続けていると、夜眠くなる時間が遅れ、夜ふかしの原因になります。夜ふかしは、不登校の引き金です。むりやり起こして登校させようとすると、ときには仮病を使って休もうとさえしてしまう。

何はなくとも、4〜5歳になったら、昼寝をやめさせ、徹底的に早寝早起きを身につけさせましょう。

昼寝をしない当園の子どもたちは、親が迎えに来るまで、遊びに、勉強に、全力投球です。

「理事長がテレビに出るぞ、9時からだから見ろよ」

と言っても、翌朝聞いてみるとだれも見ていません。みんな、家に帰る頃にはヘトヘトで、8時には寝てしまうからです。

8時30分 かけっこで始まる通山保育園の1日

これから、「通山保育園」Aクラスの1日を見ていただきます。

1980年、いちばんはじめに開園したのが、ここ通山保育園です。ここは夜間保育および休日保育も実施する、県内でも数少ない24時間営業の保育園。学童クラブも併設しているので、生後2ヵ月から小学校高学年まで、年齢もさまざまな子どもたちが、1日中出たり入ったりしています。

私はこの通山保育園を基点として、毎日各施設をランダムに巡回しています。

朝7時半。職員たちが、竹箒《たけぼうき》で運動場の掃除をしています。屋根に取りつけたスピーカーからは元気な音楽が大音量で流れ、1日の始まりを知らせます。登園時間は8時半ですが、早い時間から子どもたちが続々と集まってきます。保育園ですから、ほとんどが仕事

登園した子どもたちは、まず自学自習をはじめる。

マイ・ストップウォッチを机にスタンバイさせて。

を持つ親御さんたち。忙しいお母さんやお父さんの見送りの車がひっきりなしに出入りします。

都会の幼稚園・保育園では、入り口で「今日は行きたくない」と泣いている子を見かけることがありませんか？　当園には、そんな子はひとりもいません。みんな入り口で親と別れると、振り返りもせずに、勢いよく教室へ駆け込んできます。

教室に入ると、子どもたちはまず、黒板に書かれた担任の先生からのメッセージに黙って目を通します。そこに書かれた指示に従いながら、各自席につき、教材を取り出して自習を始めます。

鼻歌まじりで暗算の問題を解く子。書き取りを練習する子。ソロバンに夢中な子……。

そこへ先生がやってきて、必要に応じてアドバイスをします。

見学者の多くが、まずこの状況に目を見張ります。

「子どもが自分から席について自習を始めるなんて……。いったいどんな魔法を使ったのですか？」

どんな魔法も手品も使っていません。子どもたちは、とにかく朝から自習がしたくてたまらないのです。教材を眺めてぼんやりしている子なんてひとりもいません。

基本的に自由なわが保育園にも、「おもちゃやお金を持参させない」という約束ごとがあります。新しく買ってもらったおもちゃを持ってきて見せびらかしたり、こっそりと夢中になるという姿を見ることはありません。規制しなくても持ってこないのです。保育園では子どもたちにとって、やりたいこと、やるべきことがたくさんありすぎて、ゲームなどのおもちゃにまで手が回らない、というのが実情だと思います。

負ける競走をしたがらない

8時半になると、ほとんどの子が登園して勢揃《せいぞろ》いします。するとだれが声をかけるともなく、教材を机の中にしまい、裸足で運動場へ飛び出していきます。朝一番のかけっこが始まるのです。

この日遅刻気味で登園してきた財部暖久《たからべはるく》くんが、大慌てで荷物をロッカーへしまい、もどかしそうに長靴を脱いでいます。暖久くんは身長115センチ、体重32キロと大柄な男の子。ぽっちゃり体型ののんびりやさんですが、人一倍の努力家です。

暖久くんも無事に運動場にすべり込んで、A、B、Cクラスの子どもたちが運動場に整列しました。昨夜は雨が降り、今朝もまだ暗い雲がたちこめています。比較的水はけはよいものの、まだ運動場は湿っています。子どもたちはそれをものともせず、ほとんどが裸足で飛び跳ねています。

トラックにはC、B、Aクラスの順にスタートラインが引かれます。

先生がピストルを構えて、さあ、かけっこが始まりました。パン、パン、パン、という大きなピストルの音、子どもたちの声援、砂を蹴《け》る足音が園内に響き渡ります。

年少のCクラスは緑の帽子。Bクラスは赤い帽子。Aクラスはオレンジ色の帽子を被っています。いちばん前からスタートした緑帽の子に、赤帽が迫ります。そのうしろから、全速力で追いかけてくるのがオレンジ帽の中村蓮斗《なかむられんと》くん。つぎに走る暖久くんは大興奮。声をからして「蓮斗くんがんばれ！」と叫んでいます。

あっという間に蓮斗くんが前のふたりを抜いてゴールイン！

「蓮斗すごい、1番！」

先生の声に、上気した顔のまま、誇らしげに列に戻る蓮斗くん。タッチして、暖久くんと交替です。暖久くんは緑帽の男の子と同時に2着。くやしそうに列に戻って、つぎの番を待ちます。

当園では、毎朝のかけっこを日課としています。1日のスタートで全力疾走をすることで、体を目覚めさせ、活性化させるのが目的です。

かけっこをさせるのは春か秋の運動会だけで、順位もつけないという園が多いようです

クラスごとに色の異なる帽子を被り、裸足でかけっこのスタート！
教室に入るまえには、順序よく並んできちんと足を洗う。

が、当園は違います。ピストルを鳴らし、つぎつぎに順位をつけていきます。

ポイントは、年齢とそれぞれの能力に合わせ、ハンディをつけて競走させること。3歳がいちばん前からスタートするとしたら、足の速い5歳の子はいちばんうしろからスタートします。5歳でも足が遅い子は、4歳と同時スタートさせたりする。そんな工夫をすることによって、だれもが1番になれる可能性が出てきます。

子どもは、負ける競走をしたがりません。一度でも1位になれば、それがハンディのせいとはわかっていても、自信をつけることができます。大きなピストルの音に煽動《せんどう》されて、競争心もかき立てられるのでしょう。つぎこそ勝ちたい、勝ってみせると、ギラギラした瞳《ひとみ》でトラックを回っています。

こうして秋の運動会までに、子どもたちはじっくりと力をつけていきます。

毎朝全力疾走をさせているせいでしょうか、50メートル走のタイムは、私の3園の5歳児の平均で10秒45。全国の小2男子の平均タイムが10秒80ですから、いかに速いかがおわかりいただけると思います。

めったに競いあったことのない子どもが、年に一度の運動会でビリになるとします。まわりの子からも、あの子は遅いんだとレッテルを貼《は》られ、自分も走る能力がないと信じ込んでしまう。その子本来の力はまだ眠っているだけかもしれないのに、もしもそのことがつまずきの原因になったとしたら、とても残念なことです。

9時00分 みんな真剣! 読み・書き・計算の「自学自習」タイム

当園のやりかたが確立したのは、7~8年ほどまえのことです。私の教育論が完成した、と言えばかっこいいですが、うまく行くようになったのは、ある発想の転換がきっかけでした。

それまで私はワンマン経営のわがまま理事長で、全女性職員から嫌われていました。私はよくも悪くも典型的な九州男児ですから、女性は男性にかしずくものだという感覚がどこかにあったのだと思います。

しかし、あるとき、何人もの子どもを抱えて離婚し、女手ひとつで仕事と家事、子育てに奔走するお母さんを見たとき、心から「女性はすごいなあ、かなわないな」と思ったのです。

母性よりも強いものはない、と気づいたとき、私はそれまでのやりかたを深く反省しました。そして、すべてを職員に任せてみよう、と考えたのです。

いままでは職員の採用など、ほとんどを各園の先生たちに仕切ってもらっていますが、私がワンマンでやっていた頃に比べると、実に風通しがよくなりました。職員がいきいき働いていないと、子どもも輝けない。それは私が身をもって実感したことです。

通山保育園の副園長、小野芳枝《おのよしえ》先生（47歳）は、20年来、当園に勤務しています。彼女は現在の園をいっしょに作り上げてくれたメンバーのひとり。当時を振り返って、こう話してくれました。

「確かにあるときから理事長は変わりました。それから、職場として居心地がよくなりましたね。すると、子どもたちもみるみる伸び始め、それを見てさらに職員のモチベーションが上がっていったような気がします」

いまでは園を代表してほかの幼稚園・保育園の視察に行き、当園について話をすることも多い小野先生。そんな彼女から見ると、他園の先生たちは、とてもたいへんそう、なんだとか。

「ほかの園の先生たちは、会議や自主残業など拘束時間が長いですね。私たちは職員の朝礼も10分程度、申し送りをするだけ。残業もほとんどありません。テレビではスパルタ先生みたいに映っていたようですが、実際はみんなのんびりしたものですよ」

保育園の女性職員は、みんなおっかなくてやさしい。当園の子どもたちを伸ばしている要素のひとつに、職員たちの母性があるのです。

ふたりの先生がサポート

さて、かけっこが終わったら、水道で手と足を洗って、みんな教室に戻ってきます。これから10時の朝の会までは、自学自習の時間です。

子どもたちが各自席について、机の中から教材を取り出しました。計算、ソロバン、書き取り、日記、本読みの順で、自分のペースで自習を続けていきます。何から始めなければならないというルールはとくに定めていませんが、なんとなくこの順番が園児の間に広まっています。

Aクラスには14名の園児がいます。担任は、立平直子《たつひらなおこ》先生（36歳）。保育士歴14年のベテランです。彼女はここ4年ほど通山保育園で勤務していますが、そのまえは伊崎田《いさきだ》保育園でした。

立平先生は、教室の角の机に座って親との連絡ノートに目を通しながら、子どもたちが見せにくるノートを随時チェックしていきます。子どもが見ている前で赤ペンで丸をつけたり修正を入れたり、メッセージを書きこんだりして、その場で返します。そして、「じゃあ、○ページもやってみようか」などと適切なアドバイスをします。子どもたちはノートを大切に胸に抱えて席に戻り、引き続き学習を進めていきます。

基本的に、担任の立平先生が見ているのは読み・書き。計算は、大野純先生《おおのじゅん》（36歳）が指導にあたっています。

大野先生は、担任とは別の机に座り、子どもたちの計算ノートをチェックしていきます。とくに指導が必要だと思われる子や計算問題が得意な子が、大野先生の横に張りついています。

今朝は、南海吏《みなみかいり》くんが、大野先生の前の特訓席に招かれました。海吏くんは「チェリーけいさん」（230ページ参照）といういちばんむずかしい計算ノートの3冊目に入っている子ですが、今日はいまひとつ調子が上がらない様子。具体的にどこでつまずいているのか、先生は目の前で問題を解かせて、確認をします。ヒントを与えて応用させ、ときにはもっとかんたんな問題に戻らせたりしながら、子どもの苦手意識を少しずつ取り除き、学習を進めていくのです。

そんな海吏くんの隣で、ストップウォッチを使いながら暗算問題をつぎつぎと解いているのが、井上《いのうえ》心春《こはる》ちゃん。心春ちゃんは、Aクラスのなかでもとくに優秀な女の子です。

ソロバンはだれよりも早く8級を取得しています。7級を目指し、大野先生に自ら強化訓練を申し入れたのです。

ソロバンは、日本人が生みだしたすばらしい計算技術。「自分で考える力」をつけるためには、とても有効です。最後まで自分で解こうという粘り強さも養ってくれます。

ソロバンは15級から始まりますが、小学校に入ってからスタートするという子が多いなか、心春ちゃんは、この調子でステップアップしていけば、きっと小学校の早いうちに1級を取得するでしょう。

彼女が問題を解くスピードを見たら、きっとだれもが驚くと思います。机のうえでソロバンをはじくようにして暗算するその姿は、まだ指を使って計算問題を解く子がいるなかでも、群を抜いています。大人だってかないません。1ページを解き終わると、大野先生は素早くタイムをチェックして採点をし、サッとつぎのページをめくります。心春ちゃんは黙ってそのページに取りかかります。この間、ほとんどふたりに会話はありません。まさに阿吽《あうん》の呼吸です。

そこへ上船莉央《うえふねりお》くんが、計算ノートを見せるために大野先生の前に並びました。採点されて、飛び跳ねながら席に戻ります。やがて採点待ちの長い列ができました。これくらいの年齢の教室なら、もっと混乱してもおかしくないのでしょうが、彼らはだれに強制され

Aクラス担任の立平直子先生に書き取りの成果を見てもらっているのは、運動が得意な大山翔くん。

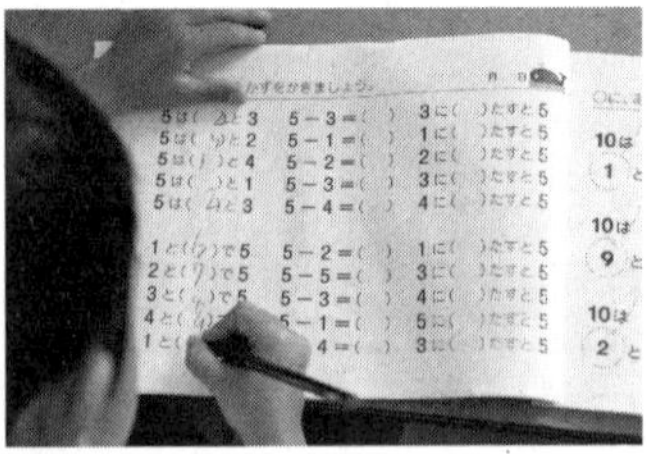

「よし、よくできた」大野純先生の計算特訓を無事終えて、笑顔で席に戻る南海吏くん。

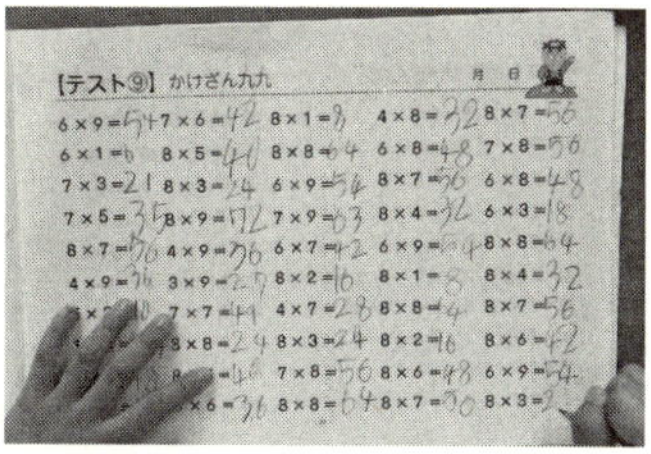

「このページ、全問正解したよ!」
うれしそうに見せてくれたのは小辻七海ちゃん。

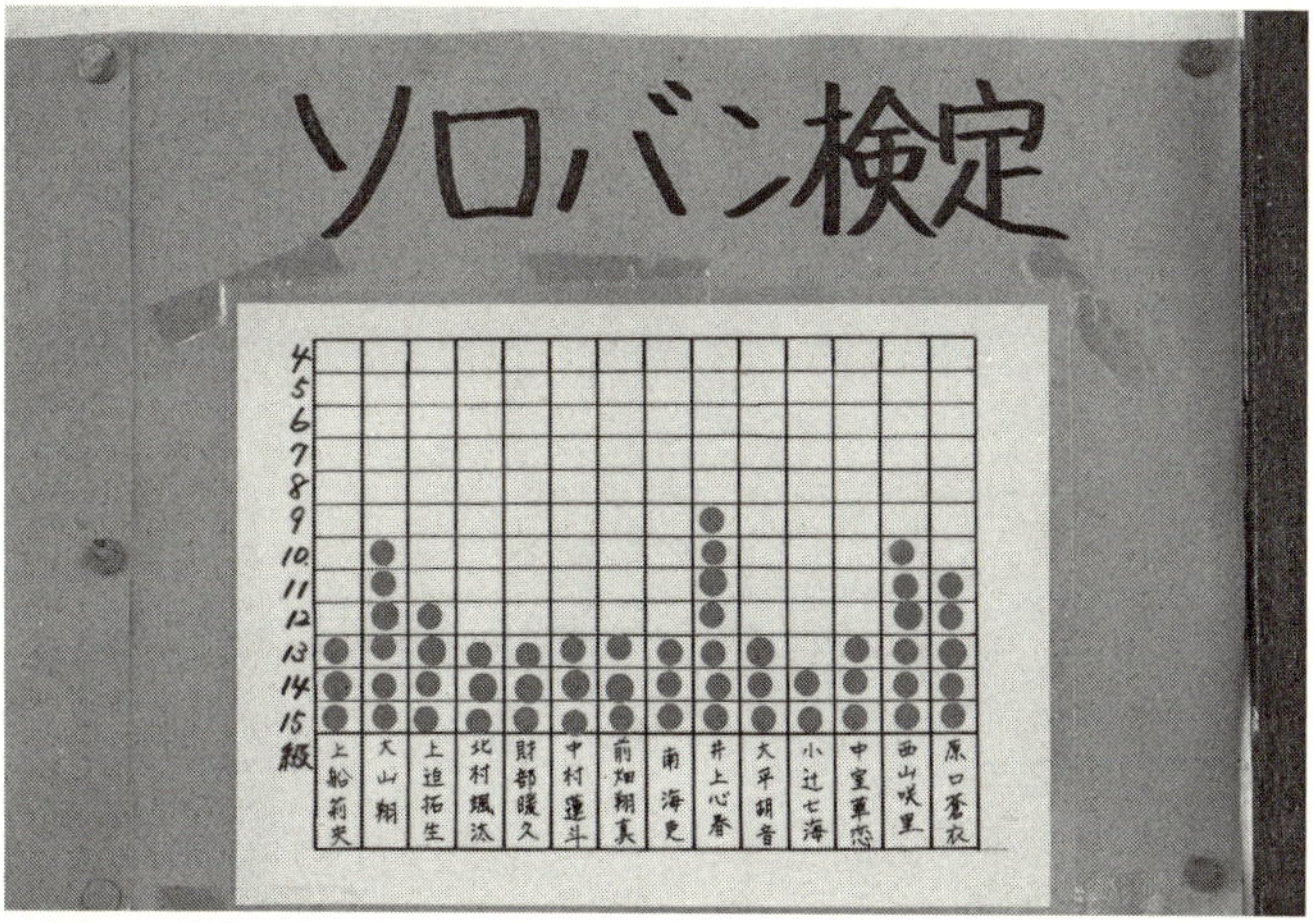

Aクラスの教室に張り出されているソロバン検定の成績表。
級を取ると、赤いシールを貼ってもらえる。これが子どもたちの励みになっている。

るわけでもないのに、独自のルールにのっとって、教室の秩序を保っています。

数字を理解し、かんたんな計算ができるようになり、ソロバンで高度な計算、また暗算の能力を身につける。こうした一連の流れのなかで、子どもたちから数学的センスを引き出していくわけですが、その過程では、担任以外の専任の先生がCクラスからAクラスまで通しで見るというシステムが、非常にうまく機能しています。今年はCクラスでこれくらいの成果が上がった、Bクラスはこれに挑戦させてみようなどと、園の子どもたち全体の学習成果を確認でき、その都度指導方法を変化させることができるのです。

年々、子どもたちの計算のレベルは上がっています。つまり、スピードアップをしているのです。職員も、子どもたちの成長の速度についていくために、試行錯誤をくり返しています。

「ひとつの教科の専任が各クラスを巡回することは、それぞれの担任を刺激するという意味もあって、職員どうしのチェック機能も果たしているんです。指導が偏ったりすることもありますので……」

と大野先生。こんな言葉を聞くにつけ、私はつくづく「うちの職員はすばらしいな」と思います。このようなやりかたは、私が具体的に指示したわけではありません。先にも述べましたが、彼女たちが自分で考えながら現場で作り上げたのが、現在の当園の指導方法なのです。そういう意味では、当園は子どもだけでなく、職員にも自学自習の精神が身についているといえるでしょう。

「かいりくんは、えいごがだいすきです」

少し教室の中が騒がしくなってきました。すると、立平先生が一言、声を発します。

「あれ、どうしてだろう？　おしゃべりが聞こえてくるよ」

教室は一瞬で静かになりました。子どもたちは、叱《しか》られて黙るのではありません。「そうだった、この続きをやってみよう」そんなふうに興味を促されて、自学自習に立ち戻ります。それは、風を受けてそよぐ草花のように自然な姿です。

自分で決めた計算・ソロバンの1日のノルマをこなすと、子どもたちは書き取りと日記に取りかかります。Aクラスになると、ほとんどの子が小学校2年生レベルの漢字練習に取り組んでいます。音読みも訓読みもできますが、意味はまだあまり理解していないでしょう。それでも、造形的に漢字の形自体をおもしろがるのと同時に、漢字が書けるんだぞという優越感が、子どもたちをどんどん漢字好きにさせるのです。

文章の書き取りのお手本帳は、先生たちのお手製。この文章お手本帳には、ほとんど漢字は出てきません。1ページで完結する短い文章には、それぞれAクラスの仲間たちの名前が出てきます。

かいりくんは、えいごがだいすきです。
アルファベットもかけます。
とくに、サニーがだいすきです。

はるくくんは、さかだちあるきめいじんです。
まいにちろうかでたくさんれんしゅうしています。

これが、書き取りを好きにさせるコツ。
知っているともだちの名前が出てくる、さらに、そのともだちの特徴が書かれているから、想像力がわき、おもしろいと感じるのです。本物の読解力が身につくのは小学校5〜6年生くらいでしょう。幼い子に、まだ読解力を求めてはいけません。とにかく平易な文章を、まずはくり返し書き写させるだけでよいのです。

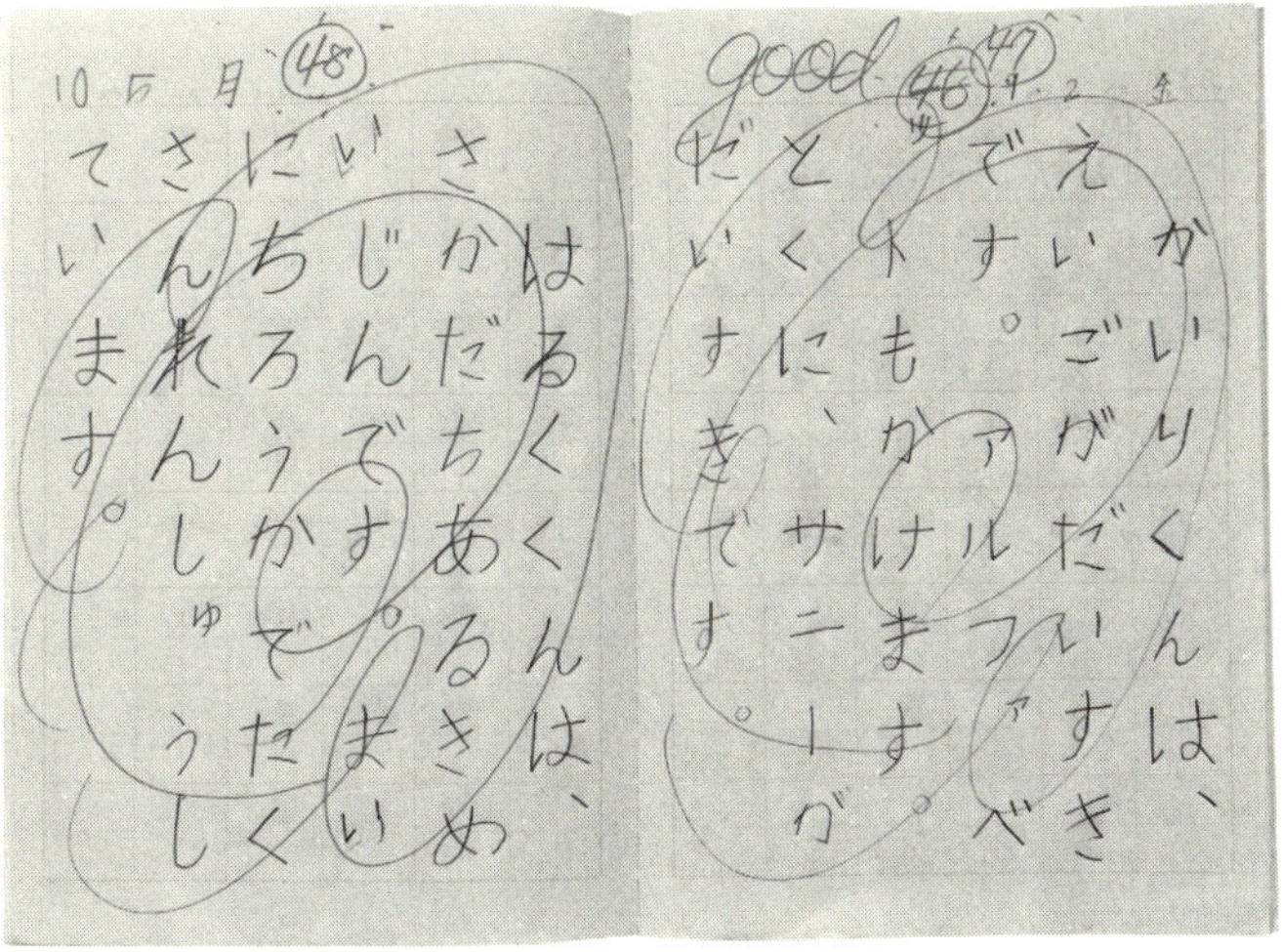

原口蒼衣ちゃんの書き取り練習ノート。
上手に書けると、先生が**good**マークを付けてくれる。
それがうれしくて、どんどん書写をする。

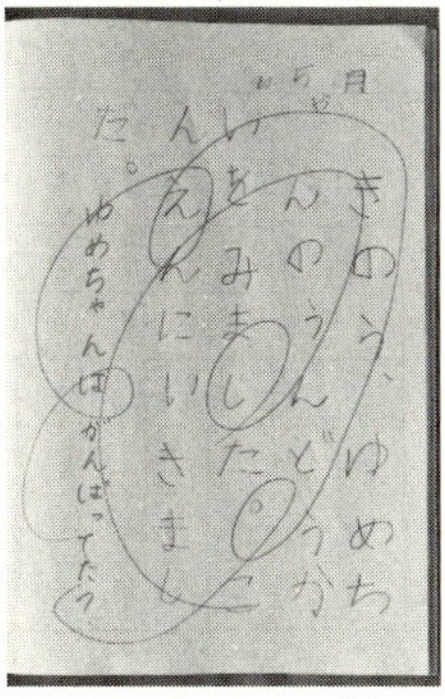

大平胡音ちゃんの日記。

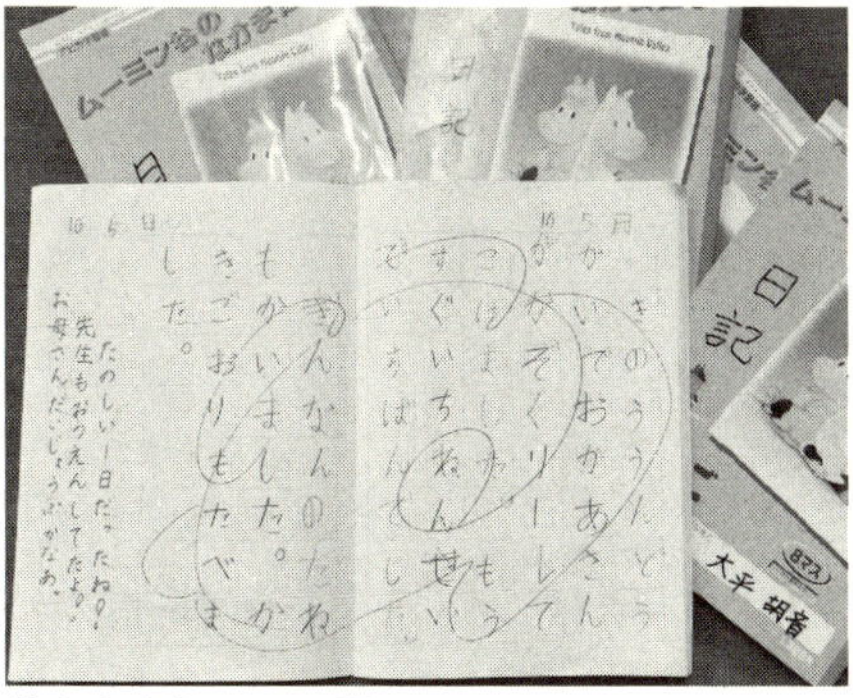

井上心春ちゃんの日記。

やがては作文につながる日記も、子どもたちにとってはまだまだハードルの高い作業です。小論文が書けない学生が多いと話題になっているようですが、現在の教育システムにあってはあたりまえのことだと思います。基礎的な読み・書きができなくて、どうして作文や小論文が書けるようになるでしょうか？　逆にいえば、小論文で苦しんでいる学生たちは、おそらく小学校の読書感想文から苦手意識がしみついたはずです。

文章は、ひたすら書写をさせ、文の組み立てかたもまねをさせることで身についていきます。そういうことを知らずに、紙と鉛筆を与えて「思ったとおりに書いてごらん」などとやれば、子どもたちは怖《お》じ気《け》づいて、書くことがきらいになってしまうでしょう。

きのう、○○くんと○○へ行きました。
○○がおもしろかったです。

こんな文章をくり返し書いていれば、○○にあてはまるところにともだちの名前や行った場所を書き入れることで、すぐにオリジナルの日記ができると理解できます。

書写は、きれいな字を書けるようになるためのものではありません。文章力の基礎の基礎をつくる、大切な学習です。そのうち、漢字まじりの高度な文章を書写するようになりますが、わからない漢字が出てくると、子どもたちは大人に尋ねます。このレベルが上がっていくと、人に尋ねるのも面倒だということで、自分で辞書を引いて調べるようになりますが、そこまで来たら、しめたものです。はじめは人に聞く。つぎに辞書で調べる。この作業が国語力を育てます。これこそが、昔の人が行った「読み書き」です。

計算の特訓を終えた南海吏《みなみかいり》くんは、書き取り練習ノートに先生から「good!」と書いてもらうのがうれしくて、何度も書いては立平先生に見せにいきます。が、先生も容易には「good!」マークをくれません。「good!」マークには番号が振られていて、みんなのやる気を引き出しています。いま、海吏くんの「good!」マークは40個。50個もらうのが目標の海吏くん、あと3ページがんばる！　と鼻息を荒くして席に戻っていきました。

「脳内モルヒネ現象」で本が大好きに

さて、教室では、上迫拓生《かみさこたくみ》くんがいち早く本読みに入りました。

拓生くんは、大山翔《おおやましょう》くんと並ぶAクラス男子の2トップのひとり。運動も勉強も大好きな、正義感にあふれた男の子です。本を読みながらも、声を出して九九を練習する斜め前の小辻七海《こつじななみ》ちゃんが間違えていると、「違うよ、しちし28だよ」なんて教えてあげています。

教室の本棚には、物語、自然科学、伝記など、さまざまな本があります。みんなそれぞれ、好きな本を2~3冊手にして席に戻ります。

本を読むようになると、子どもたちひとりひとりに与えるのが「本読みノート」。これにはCクラスの頃から読んだ本が、すべて書きこんであります。1冊を読み終えると、子どもはノートとその本を持って先生のところへ。先生が本のタイトルを書いてくれます。字が書けるようになると、自分でタイトルを書くようにもなります。

井上心春《いのうえこはる》ちゃんは入園以来、すでに2700冊を読破しました。本読みノートも3冊をテープで貼りあわせて、ものすごい厚さになっています。この使い込んだノートが、子どもたちの成長の記録。子どもたち自身の誇りでもあるのです。

132~137ページに、心春ちゃんの本読みノートの一部を紹介しています。ぜひ参考にしてみてください。

本を好きにさせるコツは、とにかくかんたんな本から読ませること。最初の段階で、最

本読みノートは教室の専用の棚で保管されている。
ノートが厚くなればなるほど、子どもたちは本が好きになる。

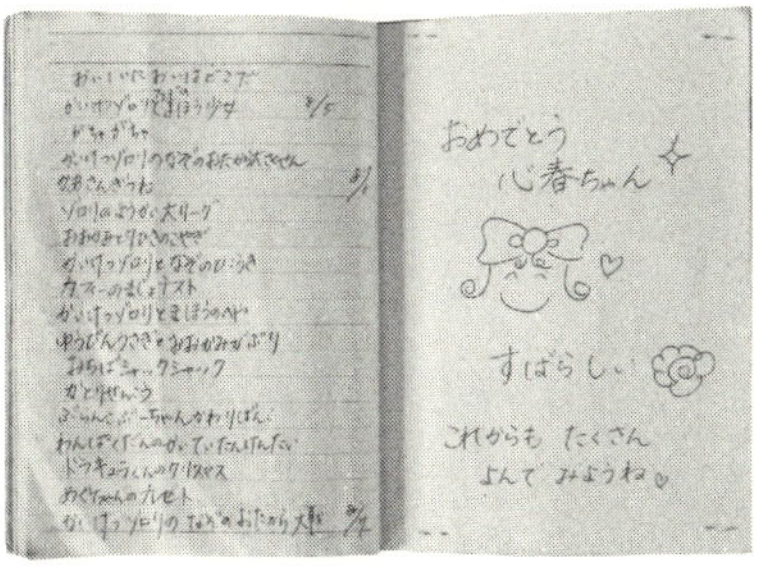

本読みノートが１冊終わると、
最後に先生がイラスト入りで、
メッセージを書いてくれる。
これがたまらなくうれしい。

男の子には動物や恐竜など、
自然科学系の本が人気。

後まで読むことにくり返し失敗すると、本がきらいになりますよ。

文字を覚えたての3歳の子どもは、「お、は、よ、う」と声に出しながら、一生懸命、しかめっ面をしながら読んでいます。このとき、大人が想像する以上に脳がフル回転しています。そして、本の最終ページ、「お、わ、り」まで読み通すと、顔にパーッと赤みがさしてきて、顔を上げて、満面の笑みを浮かべます。

これを、私は「脳内モルヒネ現象」と呼んでいます。この経験を毎日くり返していけば、あっという間に本が大好きになります。

Aクラスになると、ほとんどの子が黙読ができるようになりますが、B、Cクラスでは、まだまだひらがなでも読み間違える子どもがいます。この時期は、目・口・耳をフル回転させて、先生が確認しながら音読をさせます。


本読みをするときの子どもたちの姿勢も見ものです。とくに西山咲里《にしやまえり》ちゃんの姿勢はすばらしい。背筋を伸ばして、本から30センチ以上目を離す姿勢は、まるで教科書に出てくる模範姿勢のようですが、実はこれ、椅子《いす》に工夫があるのです。

教室の椅子は、すべて背もたれのないパイプ製の丸椅子。ホームセンターなどで、数百円で売っているものです。これを大量に買ってきて、当園のバスの運転手さんに頼んで子どもサイズに脚を切ってもらいました。

背もたれのある椅子はだめです。もたれることで姿勢がだらしなくなり、子どもから甘え心を引き出してしまいます。

早寝早起きとともに、小学校入学まえまでにしつけておく必要があるのが、椅子に座るという習慣です。学校に行ったら、毎日4時間、椅子に座り続けなければならなくなります。自由主義の幼稚園・保育園で、わがままにふるまってきた子どもには、小学校に入学したからといって、すぐに身につくことではありません。

座り続けることのできない子どもは、教室をうろうろし始めます。これが、学級崩壊の始まりなのです。

10時00分 元気いっぱい朝の会

10時になりました。みんなが教材を閉じると、教室はとたんに賑《にぎ》やかになります。

先生が英語の音楽をかけると、みんな英語で歌いながら飛び跳ねます。『エリックと英語でうたおう！』というＣＤですね。そして、ひきつづき歌の練習がスタート。先生がピアノを弾いて、指名された子が前に立ち、指揮をします。

　これがひととおり終わると、ようやく朝の会が始まります。

「今日の天気は？」と立平先生。

「サニー！」

「えーっ、サニーかあ？　曇ってるよー」

　と別の子。

「クラウディだ！」

「そう、クラウディ」

　全員で、

「クラウディ！」

　それから、全員で黒板のメッセージを声に出して読みあげます。

　お早うございます。
ことちゃん、こはるちゃんが
跳び箱、とってもがんばってます。

男の子も負《ま》けずに
がんばって下さい！
書写もあおいちゃんは
もうすぐ「good!」が五十個です。
とめ、はね、はらいで
みんなも一ページ書いてみよう。
日付けも忘れずにね。

先生が前日のうちに書いておくのですが、朝登園した際、みんなが一度はこれに目を通していますす。漢字まじりで、ふりがなもほとんどふってありませんが、文脈から想像して読むことができます。

板書メッセージの音読は、Cクラスになるとやらせています。はじめはひらがなだけで3行程度だったものが、Bクラスでふりがなつきで行数が増え、Aクラスではここまで成長します。

メッセージの内容には、必ずクラスの仲間たちの活躍が織り込まれています。こうしたメッセージを毎日読むことで、書かれた子は「自分は認められた」と誇りに思い、ほかの子たちは「○○ちゃんはすごい」とたたえるようになります。

当園の子どもたちは、みんなが他人のよい面を見ようとします。アラ探しをしたり、いじめをしたりする子はいません。これも、毎日の担任からのメッセージを3年間音読し続ける成果だと私は信じています。

続いて、全員で宮沢賢治の「雨ニモマケズ」を大声で暗唱します。これは私が大好きな詩で、20年以上まえから、2歳児以上の子どもに暗唱をさせています。

この詩には、日本人にとって大切なことがたくさん込められていると思うのです。子どもたちは「1日に玄米4合と、味噌《みそ》と少しの野菜を食べ」と叫ぶように暗唱していますが、おそらく玄米なんて食べたことがないでしょうし、意味もほとんどわかっていないと思います。

しかし、この時期に覚えたことは容易には忘れないもの。大きくなって、ああ、そういうことだったのか、とわかってくれる。それでいいと思います。

出欠は、イングリッシュ!

そして、立平先生はようやく出欠を取ります。ひとりひとりの名前を呼ぶと、だれもが

毎日子どもたちへのメッセージが板書される。

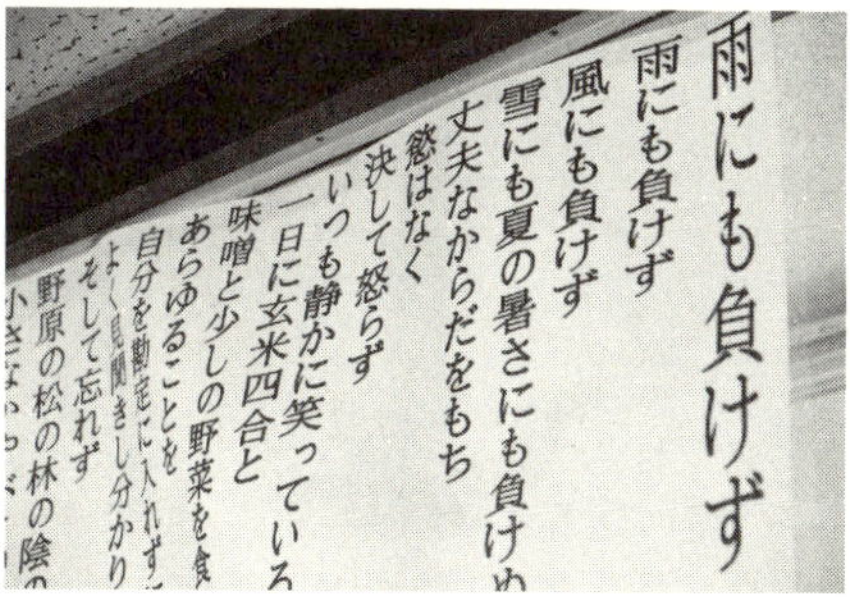

すべての教室に張り出してある「雨ニモマケズ」。

お腹の底から声を出して返事をします。

「大平胡音《おおひらこと》ちゃん」

「Here!」

「北村颯汰《きたむらそうた》くん」

「Here!!!」

「前畑翔真《まえはたしょうま》くん」

「Here!!」

出欠の返事は英語と決まっています。この時期の子どもたちはなんでも吸収しますから、英語の歌やかんたんな英単語、文章など、すぐに覚えてしまいます。

とはいえ、私は英語の幼児教育にさほど力を入れるつもりはありません。ついでに覚えられる範囲のものを覚えればいいと考えています。外国語を身につけるまえに、きちんと母国語の読み・書きを習得しておかなければ、言葉の基礎が揺らいでしまう危険がありま す。『エチカの鏡』に出演した際、タモリさんも興味深いことをおっしゃっていました。「数ヵ国語を話せる人に、『あなたはすごいですね。基本は何語なのですか?』と尋ねてみたら、『私は何もすごくありません。私の心は、つぎはぎだらけなのです。言葉だけでなく、私は自分の基軸がどこにあるかわからないのです』と答えたんですよ。母国語の基礎ができ上がるまえに外国語を教えると、そうなっちゃうんだなあと思いました」

子どもには英語を話せるようになってほしいと思う親は多いものです。もちろん、英語を話せるようになれば、より多くの人々とコミュニケーションをとることができ、世界で活躍できる可能性が広がります。しかし、1～2歳のうちから徹底的な英語教育をして、その間、日本語をおろそかにしてしまうと、このタモリさんのお話に出てきた人のような悩みを抱えてしまうかもしれません。

英語の発音は、口腔《こうこう》、咽喉《いんこう》が形成されるまえの幼児期からトレーニングしておくといいという考え方もあるようですが、私は、英語はネイティブのように話せなくてもいいと思っています。たしかに、発音がいいに越したことはありませんが、それよりも、自分の考えをきちんと伝えられることが大切なのではないでしょうか？

ヨーロッパの人々が話す英語には訛《なま》りがありますが、英語圏の人々ときちんと話ができますね。日本人は自分の発音の悪さに気後れするせいか、英語が苦手だと言う人が多いようですが、そんなことを気にせずに、どんどん発言できる人になってほしいと思います。そのためには、まず自分が話したいこと、自分の考えをいかにまとめられるかという訓練を、母国語で積んでおく必要があります。それが、読み・書きです。

それでも、幼いうちからやっておいたほうがいいことはあります。それは、ヒアリング

TŌRIYAMA

通山保育園Aクラスの仲間たち。真剣に歌を歌っているところ。
自分の声が聞こえなくなるくらい、みんな声が大きいぞ！

です。まだ理解したり、話したりはできなくても、耳が英語に慣れていれば、来《きた》るべき英語の学習時期に役に立つでしょう。幼い子どもたちには、英語の音楽を聞かせたり、英語アニメのＤＶＤを見せるだけで十分なのではと思います。

当園では、０歳児から英語のＤＶＤを見せています。５歳になるまでには、英語の歌も２００曲ほど覚えて歌えるようになります。３歳児が英語まじりでままごとをし、卒園までに20本ほどの英語劇を見せてくれるようになります。これらはすべて子どもたちにとって、とてもたのしいお遊びなのです。

「英語くらい、自分でできるようにしろ」

これは私が子どもたちに、いつも言っていることです。

本格的な英語の勉強は、読み・書きを習得した5～6年生から始めれば十分でしょう。どんな語学も、学習方法は読み・書きの応用でよいと考えます。声に出して教科書を読む。書写する。わからない単語は辞書で調べる。これを毎日欠かさずにくり返していけば、習得できるはずです。現に学童クラブには、小学5年生の2学期には、中2の教科書に入っている児童がいます。彼らは夏休みの間に、中1の教科書を終えました。これには私も驚きでした。そして、この方法にはやはり間違いがなかった、と確信したのです。

さて、出欠を取る中で、ひとりだけ返事をしない子がいました。先生が言います。

「今日は、原口《はらぐち》蒼衣《あおい》ちゃんが、少し熱があるということで、お休みするそうです。当番の人は、職員室へ報告してください」

すると数人の子どもたちが立ち上がって、教室から競いあうように走って職員室へ向かいます。職員室に報告された出欠状況は、真向かいの給食室に伝達され、その日の給食の数が決まるわけです。

担任が報告すればすぐにすむ話ですが、当園では、子どもたちが嬉々《きき》として行っています。大人のまねができるのは、とてもうれしいことなのですね。

Aクラスになると、病気になったり休んだりする子はほとんどいません。今日の蒼衣ちゃんの欠席は、非常に珍しいことです。

10時30分
かけっこと体操で「体の力」をとことん鍛える

朝の会が終わると、子どもたちはまた裸足のまま運動場に駆け出していきます。

すぐに、2度目のかけっこが始まりました。Bクラスと競走したり、Aクラス内でふたりずつ競走させたり、日によってさまざまですが、子どもたちはいつでも真剣勝負。「今朝は○○くんに負けたから、今度は絶対勝つぞ」などと、それぞれに目標を立てて、より速く走ろうと努力をします。

子どもはまだ頭が大きく、短距離を全力で走るとバランスを崩しがちです。体の力でなんとか立て直そうとするそのときに、運動能力が身につくのではないかと思います。

かけっこは、すべての運動の土台。競争心を駆り立てる仕掛けでもあります。ですから、日に何度もさせます。ゴールで待ち構えている先生たちは、「1位！」「2位！」「3位！」と順位をつけながら背中をたたき、「速かった！」「かっこいい！」と声をかけます。とくに「かっこいい！」と言われることで、自尊心がくすぐられるようです。それは、男の子だけでなく、女の子も同じ。みんな、かっこいい自分でありたいと思っているのです。

かけっこが終わると、すぐにまた手足を洗って、今度は廊下に整列します。子どもたちの大好きな体操の時間の始まりです。

「A組さん」

「ハイ！」

立平先生が整列した子どもたちの前で号令をかけます。この「ハイ！」の声の大きいこと。とてもすがすがしい気持ちになります。

この号令は、つぎに行う動作への切り替えになっています。とにかく、間髪入れずにつぎからつぎへとたのしいことを連続させて、子どもの集中力を途切れさせないようにするのです。

毎日何度も大声で返事をくり返している当園の子どもたちは、みんな明るくはきはきと挨拶《あいさつ》ができます。挨拶は、コミュニケーションの第一歩。挨拶もできずに、もごもごしていては、何も始まりません。社会生活を送るために重要なコミュニケーション能力を、あらゆる場面を活用して養っているのです。

先生のかけ声で、子どもたちは体操室へと移動します。体操室で等間隔に散らばると、その場跳びをしてから、ストレッチを始めます。みんな座って開脚し、楽々と頭を床につけることができます。

子どもたちの体の柔らかさには、つくづく感心させられます。人間の体はうまくできていて、体の硬い子もストレッチを毎日くり返しているうちに、全員同じことができるようになるのです。「私は親の遺伝で体がカチカチなんです」と言う人がいますが、だれだって子どもの頃からくり返しやっていれば、開脚や前屈ができるようになるはずです。

ストレッチが終わると、ブリッジ。そして三点倒立。と思えば、ブリッジのまま4足歩行をし、今度は笛の音に合わせて集合。ひとりずつ側転をし、さらに片手での側転にも挑戦です。ブリッジから逆立ちに移行して逆立ち歩き、三点倒立から逆立ち歩き……。そんなふうにして、子どもたちは毎日、大学の体操部並みのメニューをこなしていきます。

ちょっぴり太めの財部暖久《たからべはるく》くん。

見た目に反して、軽々と逆立ち歩きをしてみせます。でも、はじめから楽々と逆立ちができたわけではありません。

立平先生は言います。

「暖久くんは、壁に向かってひとりで何度も練習していました。かなり時間がかかるかもしれないな……と私も覚悟していたんですが、彼は自分なりに工夫をしながら、予想以上に早く逆立ち歩きまでできるようになりました。それからは、ほかの運動もどんどんできるようになっていきました。これには、私も驚きましたし、それと同時に、子どもの力を軽視していたな、と反省させられました」

暖久くんの原動力は、「みんなができることをぼくもやってみたい」という気持ちです。

体操は、先生がお手本を見せるということはありません。自分より年上の子や、ともだちができていることをまねしていく。そうやって、身につけていくのです。

強くてやさしい「肉食系男子」たち

Aクラスの子どもたちが体操に夢中になっていると、体操室の入り口には、年下の子どもたちがわらわらと集まってきました。Aクラスの子どもたちは、全園児の憧《あこが》れなのです。目をキラキラさせて、お兄さん、お姉さんたちがやっていることを見つめています。もちろん去年までは、このAクラスの子どもたちも同じように先輩たちを見ていたのです。

平均台のうえでの逆立ち、それが終わると跳び箱。大きな体育器具を出したりしまったりするとき、男の子たちは頼まれもしないのに、サッと手を出して先生の手伝いをします。ここには「草食系男子」はいません。みんな強くやさしく男気にあふれた「肉食系男子」ばかりです。

跳び箱は8段からスタートしました。はじめは3秒間隔ほどで順に跳んでいきます。笛の音がすると、ひとりずつ「ハイ！」と手を挙げて走っていきます。男の子も女の子も、跳べない子はいません。跳び箱8段の高さは約80センチ。大人でもひるむような高さをものともせずに、子どもたちは軽々と跳び越えていきます。

「今度は1秒間隔、いくよ！」

笛の間隔が1秒、実際はそれよりも短くなって、子どもたちのスピードも上がります。まえの子が跳ぶより先につぎの子が助走を始めると、見学者が感嘆の声を上げます。ぶつかるんじゃないか、と不安な顔をする人もいます。

先生は子どもたちにほとんど手出しはしませんが、怪我だけはしないようにつねに気を配っています。それに子どもは柔軟ですから、少々ぶつかったところで平気です。3年間で培ってきた体力がしなやかな筋力をつくり、ちょっとやそっとでは怪我をしないようになるのです。


全員が8段をクリアしたら、9段にレベルアップです。ところが、財部暖久《たからべはるく》くんは跳べません。跳び箱のうえにお尻《しり》が乗っかってしまいました。踏み切る瞬間に躊躇《ちゅうちょ》してしまったようです。

「できるまでやれ！」

私が言います。すると、暖久くんの番になると、みんなが応援団になって声を上げ始めました。

「がんばれ、暖久くん！」

廊下に整列、りりしい表情で返事をする園児たち。

8段なんて楽勝！
余裕のある高さで跳ぶ大山翔くん。

運動が苦手だった財部暖久くん。
いまでは楽々と逆立ち歩きをこなす。

「跳べたらジュース！」で、ほら跳べた！
モチベーションは食欲でもOK。

「跳べるよ！」

それでも張りついてしまった恐怖心は、なかなかぬぐいされない様子。私がまた声をかけます。

「跳べ、暖久！　跳べたらジュースだ」

保育園の裏に自動販売機があるのですが、ここで私にジュースを買ってもらえるのが、園児たちにとって無上の喜びなのです。

暖久くんの表情が引き締まりました。奮起して、勢いをつけて走りこみ、

「わーっ、跳べた！」

クラスのみんなが自分のことのように喜んで拍手をします。

こんなシーンをまのあたりにして、見学者のなかには涙を流される方もいるのですが、子どもたちにとっては日常茶飯事です。ジュースがほしいから、もっと高く跳びたい。単純なものです。この単純な欲求を、ちょこちょこっと満たしてやることが、子どもを伸ばす秘訣《ひけつ》です。

「暖久、おまえはほんとに現金なやつだな。よし、11段、やれ！」

この日11段まで跳べたのは、大山翔《おおやましょう》くん、前畑翔真《まえはたしょうま》くん、井上心《いのうえこ》春《はる》ちゃん、小《こ》辻七海《つじななみ》ちゃんの4人でした。卒園までには、ほとんどの子が12段を跳べるようになっているでしょ

う。Aクラス全員、目標は12段です。

最近は小6でも跳び箱8段を跳べない子が多いそうです。背は小6のほうが高いわけですから、身長の問題ではないと思います。ほんとうはだれにでも跳べるのです。恐怖心の乗り越えかたを知らないまま、大きくなってしまったのが原因ではないでしょうか。

跳び箱の練習は3段から始めます。まずはうえに座らせて、そこから跳んで降りられるよう、くり返し練習します。次は、手をついて跳べるようにさせるのですが、すぐに段を増やすと失敗します。まずは目をつぶってでも、3段を跳べるようにする。そうなってからはじめて、段を増やします。そしてつまずいたら、段をへらす。そのくり返しです。

ガッツポーズとくやし涙

跳び箱が終わると、今度はトランポリンを使った宙返りが始まりました。なかなか高度な運動なので、先生が補助につきます。これを先生の手を借りずにできるようになるのが、子どもたちの目標のひとつです。

器械体操は、いわば自分との闘いです。できる子たちを目標にしながら、自分自身の能力を、努力と勇気で高めていきます。対して、レスリングは、他者との戦いです。当園では、Bクラス以上の男の子だけ、ケンカの代わりにレスリングをさせて闘争心をかき立てています。女の子には、レスリングはさせません。女性にレスリングほどの競争体験は必要ないからです。

男にはだれにでも、本能的な闘争心がありますが、自由奔放にケンカをさせるわけにもいきません。そこで考えついたのが、レスリングでした。レスリングは、相手を傷つけることなく、公平に力比べができるすばらしい競技です。私が運営する3つの保育園では、年に1度3園対抗のレスリング大会を開催します。総当たり戦で、勝った子が多い園が優勝です。レフェリーは私が務めます。当日は、子どもも親も職員も、みんなが大興奮。むしろ大人のほうが白熱して、リングに身を乗り出し、私に叱《しか》られるくらいです。大会まで、各園それぞれ特訓を積み、時には練習試合をすることもあります。

通山保育園のレスリングの大将格は、上迫拓生《かみさこたくみ》くんと大山翔《おおやましょう》くん。よきライバルどうしです。

「拓生、翔、大将戦をやれ！」

私の一言で、ふたりが床に両ひじをついて向かいあいました。ほかの子どもたちは周囲を囲み、やんややんややの大声援。

「はじめ！」

力も技も拮抗《きっこう》しているふたりの試合は、容易には勝負がつきません。両肩が床についたほうが負けというルールですが、拓生くんが翔くんを押さえ込んだかと思えば、翔くんは首を反らせてふんばります。

「翔くん、がんばれ！」

自然と、負けているほうへの声援が大きくなります。翔くんはふんばり続け、隙《すき》を見て体を立て直しました。拓生くんのお尻《しり》をつかみ、形勢は逆転。

レスリングは無酸素運動です。真剣に力を込めているとき、ぐっと息を止めている。子どもたちはどちらも顔を真っ赤にして取っ組みあいをしています。

ひっくり返され、また倒し、そんなことをくり返しているうちに、拓生くんの頭が床に当たり、ゴン、と鈍い音がしました。その瞬間、彼の両肩が床につきます。私が拓生くんのうえに乗っている翔くんの背中をポンと叩《たた》き、「勝ち！」と言うと、両者はふっと力を抜きました。

翔くんはガッツポーズ。横たわった拓生くんは、打った頭も痛いし、くやしくてたまらないという様子です。顔はくしゃくしゃ、真っ赤です。しかし、拓生くんは、涙をにじませながらも、こぼれ落ちるのを必死にこらえ、けっして声を上げることはありません。

えらいぞ、拓生、よく耐えた！

レスリングに負けると、涙を流す子もいます。「くやし涙なんだよね」なんて声をかける大人もいますが、それは違います。単なる、甘えの表れ。ほんとうに強い心を持っていれば、レスリングに負けたぐらいで泣くことはありません。

卒園の頃になると、男の子はみんな泣かなくなります。自分との闘い、そして他者との戦いをくり返し、勝ち負けの両方を体験することによって、心がしっかりと育ってきたからです。

12時00分
さあ給食！ ヨコミネ式食育とは

体操室から子どもたちが教室へ戻ると、園児のひとりが運動場を指差して声を上げました。

「あっ、蒼衣《あおい》ちゃんのお母さんだ！」

この日熱が出て、朝から休んでいた原口《はらぐち》蒼衣ちゃん。彼女のお母さんが園を出ていくうしろ姿が見えました。そして、ひょいっと廊下から顔を出したのは、マスク姿の蒼衣ちゃ

自分が食べられる分だけ
盛りつけていく子どもたち。

みんなで手を合わせて、いただきます！

んです。体調が戻ったので、少しでも園に行きたいとやってきました。

「蒼衣ちゃん大丈夫?」

みんなが口々にいたわりの言葉をかけます。蒼衣ちゃんは少し照れながら、荷物をロッカーにしまいました。朝の自学自習ができなかったのがくやしいのか、教材をパラパラ見たりしています。

そしていよいよ、お待ちかねの給食の時間がやってきました。

配膳《はいぜん》当番の子が、給食室へ行って、おかず、ご飯、汁物、食器などを手分けして運んできます。セルフサービス形式で盛りつけると、各自席に戻り、「食事五観」を合唱します。これは、私が禅寺で教えてもらった食事に対する心構えです。

子どもたちにはむずかしい言葉の連続ですが、一字一句を暗記しているので、スラスラと唱えてみせます。


ひとつには功《こう》の多少を計《はか》り彼《か》の来処《らいしょ》を量《はか》る。

ふたつには己《おのれ》が徳行《とくぎょう》の全欠《ぜんけつ》と計《はか》って供《く》に応ず。

三つには瞋《しん》を防ぎ過貪《かどん》等を離るゝを宗《しゅう》とす。

四つには正に良薬を事とするは形枯《ぎょうこ》を療《りょう》ぜんが為《た》めなり。

五つには道業《どうぎょう》を成《じょう》ぜんが為《た》めに当《まさ》に此《こ》の食《じき》を受《う》くべし。

食べ物に感謝し、飲み過ぎや食べ過ぎをせず、心おだやかに食事をしよう。食事は人として正しく生きるための修行の場である、という意味です。

教室には、ご飯を残したり、最後まで食べられなくて泣いている子なんていません。好ききらいも、実際にはあるのでしょうが、朝からあれだけの運動や勉強をこなしていれば、放っておいたってお腹はペコペコになります。どんなものでもおいしく感じられるはずです。

通山保育園には管理栄養士が常駐し、3園の献立を作成してくれています。この献立を、各給食室の職員が調理しているのですが、うちの給食は、ほんとうにおいしいですよ。これは自慢できます。

私が栄養士に伝えていることは、「食材は自分の目で確かめて買ってくれ」ということだけ。あとは、「食費はけちるな」です。あれこれ言わなくても、女性はこうした気配りが上手。園児たちは安心して、毎日の給食をおいしく食べています。

この日の献立は、カツ丼《どん》、わかめの酢の物、きのこ汁。私も食べましたが、カツは揚げたて、卵もふんわりとてもやさしい味つけで、おいしかったです。園児たちもカツ丼が気に入ったようで、あっという間に平らげてしまいました。
ちなみに私はふだん、お昼は近所の食堂へ出かけてラーメンを食べたりしていますが、自分が好きな献立のときだけ給食を食べています。理事長ですから、気ままなものです。

毎月1度、「フリータイム」と呼んでいる遠足の日があります。遠足といっても、たいしたことをするわけではありません。天気のいい日に、近くの公園などへお弁当を持って出かけます。子どもたちは自然のなかを走り回り、青空の下で家から持ってきたお弁当を食べます。

遠足は春と秋の2回だけという園が多いなか、なぜ毎月行うのかといえば、これも子どもを飽きさせない工夫です。毎日同じことのくり返しでは、子どもは飽きてしまう。月に1度くらい気分転換をさせると、表情が断然変わってきます。もちろん、フリータイムの日も午前中のかけっこと自学自習は、しっかり行ってから出かけます。

また、時には、私が子どもたちをバスに乗せて、焼き肉屋やラーメン屋に連れていくことがあります。年長さんともなると、ラーメン一人前はペロリ、焼き肉もむさぼるように食べています。ともだちと外食をするなんて、子どもにとっては大冒険。忘れられない思い出にもなるのです。

「お腹がすけば、なんでも食べます」

私の園には、休む子がほとんどいないのが自慢です。今日の原口蒼衣《はらぐちあおい》ちゃんのように、休むのかなと思っていた子も途中で出てきたりします。病は気からというのはほんとうで、少しむりをしてでも出てくることで、元気を取り戻すようです。それくらい、みんな保育園が大好きだし、基本的に体が丈夫です。もちろん、インフルエンザなど登園を控えてもらわなくてはならない病気の場合は、きちんと休んでもらいますが。

そして、都会ではかなり問題になっているようですが、当園では、アレルギーのある子ども、アトピーの子どもがとても少ないのです。

これはなぜか。医学的なことは、私にはわかりません。食事がいいのか、運動がいいのか……。しかし、おそらくは、子どもたち自身の元気でありたいという本能を、保育園の毎日のなかで高めてあげているからなのではないかと思っています。

最近は講演などでいろいろな場所へ行きますが、多くの親たちが、「子どもの好ききらいをなくすにはどうしたらいいですか」と聞いてきます。私はいつもこう答えます。

「腹を減らせばいいんです。腹を減らせばなんでも食べます」

それでもお母さんたちは言います。

「お腹がすくまで放っておくのですか」

私は「そうです」と答えるのですが、すると、こんな質問も飛び出します。

「どうしても食事のテーブルについてくれないんです」

うーん、勉強と同じで、興味がないからつかないのですよ。お腹がすかないからご飯を食べないのです。では、どうしてお腹がすかないのか？　そのことを考える必要がありそうですね。

夜ふかしなどの不規則な生活が、空腹のサイクルを乱しているかもしれません。運動不足だとしたら、夜になってもお腹はすきませんよ……。お腹がすいていれば子どもはテーブルにつきます。

そして食事は、ダラダラさせないことが鉄則です。

「12時40分、長い針が8のところまで行ったらごちそうさまね」

などと、食べるまえから決めておきましょう。そして約束の時間になったら食器を下げてください。お腹がすいていれば泣くかもしれません。でも、そこで子どもは学ぶのです。時間内に食べないと、お腹がいっぱいにならないということを。

やさしいつもりのお母さんや先生は、「ほら、がんばって食べなさい」とはげましたりしますが、むりに食べさせては、ご飯がきらいになりますよ。むりに勉強させるときらいになるのと同じ理屈です。

「うちの子は健康に気遣っていますから、お菓子を与えないでください」

都会には、そんなことを言うお母さんもいるようです。

私はガムなどの駄菓子を子どもたちに配ったりしますが、親御さんから文句を言われたことはありません。夏には、梅干しと棒アイスを常備しています。運動のあとは梅干しで塩分の補給、棒アイスで糖分の補給というわけです。「昨日はガムを7個ももらってきました。ありがとうございました」なんて言うお母さんもいます。理事長からもらえるお菓子は子どもにとって、特別なご褒美だと知っているからです。

子どもはまだお菓子で釣ることができます。お菓子で釣って、勉強や運動の能力を引き出すことができるのなら、それでいいではありませんか。たっぷり体を動かしていますから、多少おやつをあげたところで晩ご飯の妨げにはなりません。虫歯になるのを恐れるのか、自立した子に育てたいのか、そこをよく考えてみてください。

食事が終わると、今度は掃除の時間です。掃除は毎日4人の当番ですることになっていますが、みんなが手伝うため、結果的に全員ですることになります。

机と椅子を移動させて、ぞうきんで床を拭《ふ》くのですが、「いちばん上手に床を拭けた子は、黒板を拭いてもよろしい」という特典があるので、だれもが一生懸命床を拭きます。黒板は先生のもの、大人のもの。その黒板を拭くのは、子どもたちにとって背伸びをした誇らしい行為なのです。この「特典」は立平先生の発案ですが、なかなかやるなあ、と感心してしまいました。

14時00分 14人のちびっこ楽団が元気に奏でる『荒野の七人』

テレビで、子どもたちが目隠しをして鍵盤《けんばん》ハーモニカを弾く映像をご覧になって、驚いた方も多いと思います。あのとおり、子どもたちはみんな、鍵盤ハーモニカを自在に演奏することができます。子どもたちはメロディを聴くと、その音階をそのまま鍵盤で再現する能力を身につけています。

8年ほどまえまで、私は音感には個人差があり、楽器の演奏や作曲は、限られた子どもにしかできないと思いこんでいました。音大を出た先生を採用してみたり、試行錯誤をくり返しましたが、なかなか全員が鍵盤を弾きこなすのはむずかしかったからです。

「ト音記号はこう書きます。ドの音は、右手の親指1番で押さえましょう……」

そんなふうにして、楽譜の読みかたや鍵盤の指使いを形から教え込もうとすると、子どもはとても嫌がります。私は、子どもたちが音楽好きになってさえくれればいいと考え、ピアノ教室のような指導法をやめて、素人《しろうと》の私が考えた方法を、先生たちに試行してもらうようお願いしました。

本読みをかんたんなものから始めるのと同じように、たとえば『きらきら星』や『チューリップ』など、短いメロディを1曲、鍵盤ハーモニカで弾けるようにしたいと思いました。そのために、何度もくり返しメロディを聞かせ、指使いなどは無視してもいいから、曲を鍵盤で再現する練習を毎日させてみたのです。すると、1週間ほどでクラス全員が、このメロディを弾けるようになりました。

今度は、目をつぶってでも弾けるようにと、アイマスクをさせてみました。鍵盤を見ずに、音だけを探って、弾けるようになるかどうかを確かめたかったのです。子どもたちはおもしろがって、これも楽々とやってのけました。

それからは、1曲を仕上げるスピードがどんどん上がっていき、15曲ほどをマスターした頃には、新しい曲を一度聴いただけで弾けるようにまでなりました。

モーツァルトやクララ・シューマンは、幼い頃から、曲を一度聴けば即座にそのメロディをピアノで再現したといいますが、歴史に名を残した音楽家たちにも、ここの子どもたちと同じことが起きていたのではないかなと思います。

まずは耳で覚えるということ。純粋に、メロディをたのしむということ。楽譜どおりに弾きなさいという教えかたでは、偉人たちの才能も開花しなかったかもしれません。

映画音楽からサザンまで

掃除と本読みが終わると、子どもたちは鍵盤ハーモニカを取り出しました。立平先生がピアノで1小節ほどの短いお手本を弾くと、子どもたちはそのとおりに音を鳴らします。これが、毎日行っているメロディの当てっこゲームです。

単純な長調から短調へ、短いメロディから長いメロディへ。むずかしくなればなるほど、みんなのやる気は増すようで、先生が出す音はどんどん複雑になっていきます。黒鍵も多用したむずかしい音階も、しっかりと再現しますから、見ていてほんとうにおもしろいですよ。

鍵盤ハーモニカが終わると音楽室に移動です。

みんなで音合わせをすると、楽団員になったような気分で、ますますやる気になる。

本格的なドラムセットを自在に操るのは、大平胡音ちゃん。

それぞれがパートに分かれて、担当楽器の前でスタンバイ。先生が前で指揮を執ります。体の大きな財部暖久《たからべはるく》くんはティンパニを打ち鳴らし、器用にドラムを叩くのは大平胡音《おおひらこと》ちゃん。リードメロディは井上心春《いのうえこはる》ちゃんと中室華恋《なかむろかれん》ちゃんが担当し、ベースのキーボードは上迫拓生《かみさこたくみ》くんの担当です。木琴、鉄琴、シンバルとパーカッション、大太鼓、小太鼓……さまざまな楽器が、それぞれの音を大音量で奏でます。

この日の課題曲『荒野の七人』は、7人のガンマンがメキシコの田舎町を盗賊から守るために奮戦するアメリカ映画で、主題曲は、映画を観たことがない人にも、乾いた大地を馬に乗ったガンマンが走る風景を想像させます。この曲はメロディラインと打楽器の勇壮な合奏で始まるのですが、スタートのリズム合わせがむずかしい。みんな、それぞれのパートは完璧《かんぺき》ですが、あと少し合奏の調整が必要といったところですね。3月の学習発表会では、ばっちり決めてくれると思います。

基本的に、だれもがどの楽器もこなしますが、それぞれ好みはあるようです。まずみんなにやりたい楽器を聞いて、重複した楽器は、ジャンケンで恨みっこなしです。

選曲は、担任の先生が独断で決めています。3月の学習発表会では、サザンオールスターズやプリンセス・プリンセスなど、担任の趣味と世代が反映された曲を、子どもたちが一生懸命合奏します。前奏から間奏、後奏までキッチリ演奏しますから、聴きごたえがありますよ。

16時00分 学童クラブの児童たちとの交流

帰りの会が終わると、お迎えが来るまでの間、園児たちは自由時間です。ほとんどの子が外に出て遊んでいます。何か特訓しておきたいことがある子は、キーボードを練習したり、ソロバンをはじいたり、それぞれに自習をします。

この時間から、授業を終えた小学校の児童たちが集まってきます。制服はさまざまですが、学童クラブに通う子どものほとんどが、通山保育園の卒園生。保育園の頃からやっていたとおり、夕方まで自学自習をしていきます。

彼らは先輩として、園児たちの勉強を見てくれたりします。

「おまえたち、先生の下請けをやってくれて、ありがとうな」

私は児童たちにそう声をかけて、ガムを配って歩きます。

そんな学童クラブにもスケジュールがあるので、紹介しておきましょう。

〈太陽《たいよう》の子《こ》児童クラブのスケジュール（平日）〉

	1年生	2年生	3年生
	自習		
15時30分	ソロバン	自習	自習
16時	暗算	ソロバン	ソロバン
	本読み	暗算	暗算
	漢字	本読み	本読み
	キーボード	漢字	新聞書写
	（随時個別指導）	キーボード	辞書調べ
	宿題	（随時個別指導）	キーボード
17時	おやつ	宿題	宿題
18時	（随時個別指導）	おやつ	おやつ
	自由	自由	自由

※4年生以上は17時から。3年生の内容に英語がプラスされ、活動は19時頃まで続く。

ここに通ってきている子は、だれもソロバン塾やピアノ教室、学習塾などには通っていません。学童クラブは維持費（おやつ代）だけでいろんなことが学べ、ソロバンの検定試験の級が上がったりするわけですから、安いものです。

こうした学童クラブを、私は全国に広げていきたいと考えています。できれば当園のように、保育園と連携できるとベストなのですが、いまはまだまだ、はじめの一歩の段階です。子どもたちのほんとうの能力を開花させ、落ちこぼれをなくすことは、低迷する日本の現状を根底から変えることになる、私はそう信じているのです。


日が暮れてきました。保育園の教室はひっそりと静まり返り、学童クラブの子どもたちが鉛筆を走らせる音が響いています。Aクラスの園児たちは、みんな帰宅したようです。

こうして、長い1日が暮れていくのでした。

自然からたくさんのことを学ぶ子どもたち

子育てにおける「環境」というものを考えたとき、私はいま暮らしているこの土地に、改めて感謝の念をおぼえます。都会の人から見れば、何もない田舎に映るかもしれませんん。しかしここには、海があり、川があり、山があり、野原がある。日本の原風景が残っています。このことは、何にもまさる子育て環境であると思います。

自然は子どもに、生きるための知恵をたくさん与えてくれます。海へ行けば、大きな波の恐怖感を克服することができますし、岩場の生態に興味をおぼえることがあるかもしれません。山へ行けば、登山や川下りで体力がつきますし、仲間との信頼関係を深めることもできます。

何より、いのちの大切さをしみじみと感じられるのが、自然とのふれあいです。自然の美しさ、すばらしさに感動すると、今度は「このふるさとを守っていこう」という気持ちが芽生えます。ふるさとの自然は、このようにして受け継いでいくものだと思うのです。

子どもたちには、つねに四季の移り変わりを意識させたいと思っています。毎日の勉強、運動も大切ですが、自然の変化を見つめながら成長することで、バランスの取れた人間になってもらいたいと考えています。

こうした私の考えかたを反映し、さまざまな形で自然とふれあえるように保育園の年間スケジュールが立てられています。以下に紹介しておきましょう。


〈通山保育園の年間スケジュール〉

4月　親子遠足。遠足も自学自習をしてから出発です。

5月　保育参観。年度のはじめに、子どもたちの状況をまず見てもらいます。1年後の学習発表会での成長ぶりには、きっと、目を見張るものがありますよ。

6月　保育園でのお泊まり保育。山学校でキャンプ体験。夏になると、ほかの季節には得られないたくさんの体験をしていきます。

7月　祖父母参観。おじいちゃん、おばあちゃんにはつい甘えてしまう子も。夏祭りは、保護者が中心になって行うイベントです。

8月　週に3日、市民プールへ行って水泳をします。3園対抗の水泳大会も行います。夏休みはとくにありません。

9月　Aクラスは霧島《きりしま》へキャンプ登山に。フリータイムにタコ捕りを体験します。

10月　運動会。フリータイムではイモ掘り。イモはとっておいて、11月の水あめづくりの材料にします。

11月　Aクラスは1泊2日の卒園旅行に出かけます。行き先は決まっていませんが、最近は熊本《くまもと》方面へ行くことが多いです。

12月　マラソン大会。Aクラスの子どもたちは1・8キロの距離を走ります。みんな速いですよ。山学校ではもちつき大会を開催します。

1月　フリータイムでたこあげなど。
2月　節分の豆まきなど。
3月　学習発表会。器械体操と音楽を中心に1年の成果を見せるときです。感動の卒園式も開かれます。

こんなふうにして、春夏秋冬をおおいにたのしんでいます。

たちばな保育園のすぐ近くの山にある「太陽の子山学校演習場」は、宿泊と炊事施設のあるキャンプ場です。自然の地形をそのまま生かした広場は林に囲まれ、近くには川が流れています。年長になると、ここでアウトドア宿泊体験をさせています。川沿いを歩いて上流への探検ウォーキング、飛び込み、魚捕り、カヌー……。料理も子どもたちが作ります。年下の子どもたちも、月に1度のフリータイムにおやつを持って遊びにいきます。

これだけバリエーション豊かに遊ばせていますから、親御さんがあちこち連れていく必要もありません。共働きの家庭ばかりですから、とても感謝していただいています。

自学自習と、運動と、遊び。毎日メリハリをつけながら、つねに子どもの興味をそらさないよう、あの手この手で工夫しているのが、私の保育園です。

「物より思い出」というテレビCMがありましたが、まさにそのとおりなのです。幼い頃の体験、感動は、その子にとって、どんな玩具《がんぐ》よりも大切なもの。子育ては、状況に合わせて臨機応変に、あの手この手で行うもの。親御さんの知恵と工夫で、いろんなことを試してみてください。

以上、「通山保育園の1日」を駆け足でお伝えしましたが、少しでもヒントになれば幸いです。

スペシャル企画

必読！通山《とおりやま》保育園Aクラス保護者座談会

入園希望の待機児童が後を絶たない。子どもを入園させるために家族で大阪《おおさか》から引っ越してきた。バイオリニストの高嶋《たかしま》ちさ子《こ》さんが「息子を留学させたい！」と発言した……。

鹿児島《かごしま》県志布志《しぶし》市にある横峯吉文《よこみねよしふみ》理事長が運営する3保育園、通山保育園、伊崎《いさき》田《だ》保育園、たちばな保育園は、いま日本でもっとも注目を集めている保育園だ。

全国から羨望《せんぼう》のまなざしを受ける保育園のスーパーキッズと、その保護者たちの本音はいかに？

家庭から見た子どもたちの保育園での毎日と横峯理事長の教育方針について、通山保育園Aクラスの4家族が集まり、ざっくばらんに語ってくれた。

参加してくれたメンバー

西山咲里ちゃんのお父さん・繁美《しげみ》さん（40歳・会社員）

西山《にしやま》咲里《えり》ちゃん

読書が大好きな女の子。勉強はトップクラス。ともだちの努力がやっと報われたときなど、ひっそり涙を流して喜んであげるような、やさしい心の持ち主。控えめだが、観察力にすぐれ、クラスのムードメーカーでもある。お父さんの繁美さんも、おだやかな性格。じっくりと言葉を選びながら話してくれた。

井上心春ちゃんのお父さん・憲朗《けんろう》さん（37歳・団体職員）

お母さん・留美《るみ》さん（36歳・パート）

井上《いのうえ》心春《こはる》ちゃん

入園してから読破した本は2700冊以上、現在ソロバン7級に挑戦中、勉強も運動も大得意のスーパー園児だ。「はじめはごくふつうの子だったが、年中さんから驚異的な伸びを見せた」と立平先生。体格のいいお父さんはPTAの会長も務める。リーダーシップを発揮して、座談会を盛り上げてくれた。

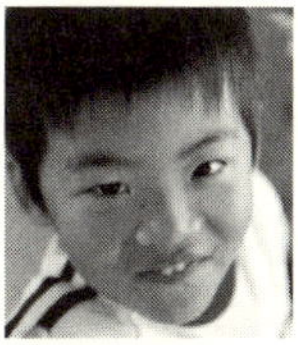

上迫拓生くんのお父さん・悟司《さとし》さん（37歳・会社員）

お母さん・久恵《ひさえ》さん（35歳・看護師）

上迫《かみさこ》拓生《たくみ》くん

男気満点、Aクラスが誇る正義の味方。大山《おおやま》翔《しょう》くんとは勉強も運動もよきライバルで、つねに競いあい、高めあう関係。立平先生は「自分が臆病《おくびょう》なことをよく知っていて、それを克服しようと努力をしている子です」と分析する。お父さんは真面目一徹の九州男児。お母さんは明るくさばさばした印象。

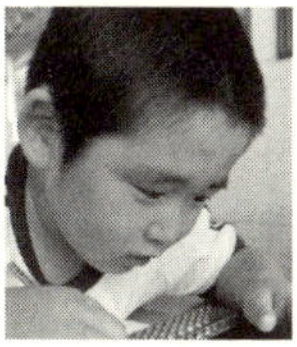

財部暖久くんのお父さん・千尋《ちひろ》さん（35歳・会社員）

お母さん・佐織《さおり》さん（35歳・会社員）

財部《たからべ》暖久《はるく》くん

ちょっとぽっちゃり大柄で、甘えん坊な男の子。人なつっこく、いつも笑顔でみんなを和《なご》ませてくれる存在。担任の立平先生曰《いわ》く、「クラスいちばんの努力家です」。運動は苦手だったが、家でも保育園でも人一倍練習をして、いまでは逆立ち歩きが大得意に。家族みんながほんわかしたムード。

――通山保育園にお子さんを通わせることにしたきっかけはなんですか？

西山（父） 近所だったからです。

井上（父） 近いから。

上迫（父） 同じです。

財部（父） ウチもです（笑）。

――それはある意味贅沢《ぜいたく》な答えです（笑）。みなさん、現在日本一と言われている保育園にお子さんを通わせているわけですが、実感はありますか？ お子さんたちは、みんな天才と言われているわけですが。

井上（父） いやぁ……天才って、そんなたいしたもんじゃないですよ。家では全然勉強もしないし、ゲームも大好きで。

西山（父） 子どもだけ見てると、ほんとにふつうなので、実感はないですよね。でも、うちは咲里《えり》のうえに息子がふたりいて、小学校に通っていますが、やっぱり別の保育園から来た子とこちらの卒園児とでは、小学校ですごく差が出ますね。

上迫（父） そうみたいですね。でも家で子どもを見ているぶんには、ふつうだから実感はないです。

――通山保育園に通わせたことで、具体的に「ここが変わったな」という点は？

上迫（父）　0歳児から通わせていますが、とくに大きな変化を感じることはありません。すべてが日常になっているので。

西山（父）　そうなんですよね。途中から入れたわけでもないので……。

井上（父）　子どもは「変わった」というより、「成長した」ということなんでしょうね。それよりも、変わるのは大人のほう。うちでは、はじめの頃《ころ》ばあちゃんが、「子どもにそんなきびしいことをさせるなんて、かわいそう」なんて言ってたんですが、運動会で子どもの姿を見てびっくりしちゃって、いまでは「どんどん行かせろ」って言ってますよ。

上迫（父）　そうそう。ぼくはもともと、ものすごく口うるさいタイプなんです。あれはダメ、これはダメってすぐに言ってしまうんです。でも、だんだん言わなくてすむようになりました。子どもといっしょに、ぼくも成長しているのかな。

上迫（母）　夫より息子のほうがよっぽど紳士的で男らしいんですよ。買い物に行っても荷物をサッと持ってくれたりとか。

上迫（父）　まいったな（笑）。

財部（母）　うちの子はこのとおり体は大きいですが、3月29日生まれでクラスでも末っ子気質を発揮しています。あそこまで運動ができるようになるとは思っていなくて、家ではじめて逆立ち歩きをするのを見たときは、やっぱり驚きました。

財部（父）　毎日見ているとわからないんですけど、ふと気づくと、すごく成長しているんだな、と思うことがありますね。

――横峯理事長の指導方針については、どう思われますか？

西山（父）　むずかしいことはよくわからないんですが、ぼくらが子どもの頃の古きよき教育をしてもらっているという感じでしょうか。叱《しか》るときは叱る、褒めるときは褒める、というわかりやすさがいいと思います。

井上（父）　そう、昔のじいさんばあさんのしつけですね。ぼくらの子どもの頃は、まだああいう大人がたくさんいましたよねえ。自分の家の子どもも隣の家の子どもも、分け隔てなく叱られたじゃないですか。

上迫（父）　そう。だから正直、横峯理事長が特別なことをしているという気がしません。なんでこんなに注目されるんでしょうかね？　ぼくらからするとあたりまえの子育てが、都会では忘れられているのかなと思います。

西山（父）　志布志はずいぶん田舎ですから、自然の遊び場がいっぱいありますよね。自然から学べという考えかたも、都会からは貴重なものに見えるのかもしれませんね。

財部（母）　いま、競争はいけないとか、順番をつけないとかいう子育てが流行しているようですが、それって一見子どもを大切にしているようで、じつは親のエゴを押しつけて、子どもをダメにしてしまっていると思うんですよね。そんな時代だからこそ、横峯理事長の考えかたは必要だと思います。

――やり過ぎだと感じたり、不安に思ったりしたことはありませんか？

上迫（父）　ないですね。

西山（父）　あったら、たぶん子どもの態度に出ると思うんですよ。保育園に行きたくないって言い出すとか。

上迫（母）　どんどん鍛えてもらえばいいと思います。

井上（父）　おかげで保護者も助かります（笑）。

――通山保育園のここがすばらしい！　というポイントを教えてください。

井上（父）　理事長を中心に、先生たちの信頼関係がしっかりしているのが、見ていてもわかります。大人にとってもいい職場なんだろうな、と思います。

上迫（母）　過保護じゃなく、でも子どもひとりひとりをきちんと見てくれている。私も、先生たちがすばらしいと思います。

西山（父）　親にとっても思いがけない子どもの可能性を引き出してくれるところでしょうか。ぼくは運動音痴で、わが家は家系的に運動はダメだと思っていたんですよ。なのに、息子も娘も、すごく運動が得意。一生懸命やれば、人間ここまでやれるんだって、感動しましたね。

財部（父）　ほんとうにそう思います。とにかく子どもが保育園に行きたがるんですよ。日曜日も行きたい、大好きなんだって言うんです。それだけ、勉強も運動もたのしんで、ともだちともなかよくやれる環境を先生方が作り出してくれることに、感謝しています。

――家庭での子育てで、心がけていることは？

上迫（母）　子どもとは、できるだけ会話をしたいと思っています。それから、子どもに嘘《うそ》をつかないようにと心がけています。

西山（父）　子ども扱いしないということですね。子どもに相談したりすると、けっこう的確な答えがかえってきますよ。

井上（父）　悪いことは悪いと叱ったうえで、叱った以上に愛情を与えるようにする、ですかね。あと、うちは家族全員が夜9時には寝て、朝5時に起きるようにしています。朝食をとりながら、いろいろ話をするという感じです。

西山（父）　えっ、家族全員はすごいですね！

財部（母）　うちの暖久《はるく》も、夜はほんとに早く寝てしまいます。夕方家に帰ってきて、晩ご飯を食べると、お風呂《ふろ》の最中に寝てしまったりするので、時間のある限り、たくさん会話をしようと思っているんですが……。

――子どもが早寝をしないことに悩んでいるお母さんは多いのですが、早く寝すぎて困っているとは……。

井上（父）　朝から夕方まで、あれだけ思いっきり体と頭を使うと、やっぱり早く眠くなるんだと思います。ぐっすりと寝て、朝はすっきりがいちばん。おかげで、子どもたちは健康そのものです。

――ゲームや携帯電話の扱いは、子育てにおいてよく議論になるところですが、お子さんはゲーム機を持っていますか？　ゲームをさせるのにルールを定めていますか？

西山（父）　うちはさせていません。したがることもありません。

井上（父）　うちは妻がゲーム好きなので、母娘《おやこ》でゲーム三昧《ざんまい》ですよ。

井上（母）　いっしょにたのしんでいます（笑）。とくに時間などは決めていません。

『ドラゴンクエスト』などのロールプレイングゲームで遊ぶのですが、娘のほうが文字を読むスピードが速くて、モンスターの名前もすぐ覚えてしまうので、まったく太刀打《たちう》ちできません。

上迫（母） うちは持っていますが、週末だけと決めています。それについて本人から文句が出ることもないですね。

財部（父） うちは何しろ帰ってくると眠たがるもので……（笑）、ゲームまで手が回らないようです。

――家庭では何か勉強をさせていますか？

井上（父） 保育園でやってるからいいって言うんですよ。たまにソロバンの練習をしているみたいですけど。

西山（父） 自分の気が向いたときだけやるって感じですよね。

財部（父） 集中力がついたのか、勉強も体操も自分で始めて、やりだしたらとことんやるんですよ。見てておもしろいですよね。

上迫（母） 保育園でできなかったことを練習しようとしませんか？

財部（母） そう、できないことをできるようにしたいって言ってますね。

——最後に、お子さんには将来どんな人間になってもらいたいと思いますか？

西山（父）　うーん、特別にいい学校に行ってほしいとも思いません。自分はまわりの人に支えられて生きているということを、忘れない大人になってほしいです。

井上（父）　心春《こはる》は、いまはすごくできる子なんて言われてますが、ぼくは、これからさき、都会の子と競いあうようなことになったら、負けるんじゃないかなと思っています。保育園では、受験のための教育をしているわけではないと思いますし、私たちもそういうカリキュラムを望んでいるわけではありません。ぼくらの子がそんな一流大学に行くとか、弁護士になるとかなんて、正直むりじゃないかなって思うんです（笑）。

井上（母）　そんなことを言いながら、夫は「なんでもできる人になってもらいたい」なんてポロッと本音を言ったりするんですよ（笑）。私は、みんなから信頼されて、ともだちがたくさんいる人になってほしいと思っています。それから、ちゃんと挨拶《あいさつ》ができる人であってほしいです。人を見下すのはよくないと思うので。

——いい大学を出て、いい就職をしてくれたらとは思いませんか？

上迫（父）　どうしてもとは思いませんね。職業うんぬんよりも、自分のことは自分でできる人間であってほしい。自分の人生だから、好きにすればいいと思います。

応援はするけれど、強制はしないというか。都会の大学や、海外留学を希望したとしても、本人が決めたなら反対はしません。

財部（父）　うーん。贅沢はいいません。悪いこと、犯罪を犯したりしなければ（笑）。

財部（母）　月並みですが、世の中のきびしさに負けず、自分に負けず、正直に、人を思いやれる大人になってほしいです。

――みなさん、どうもありがとうございました。

通山保育園（鹿児島県志布志市）の園児アンケート

スーパーキッズってだれのこと？　……自分たちがどうしてこんなに注目されているのか、いまひとつ実感のないのが当の子どもたち。アンケートから垣間《かいま》見《み》えたのは、どこにでもいる「子どもらしい子ども」の素顔だった。

Q1 保育園のどこがたのしいの？

西山咲《にしやまえ》里《り》ちゃん：跳び箱とソロバン。
井上心《いのうえこ》春《はる》ちゃん：外で遊ぶこと、体操。
上迫拓生《かみさこたくみ》くん：みんなと外で遊んでいるとき。滑り台。
財部暖久《たからべはるく》くん：外で遊ぶとき、鍵盤《けんばん》ハーモニカ、跳び箱。

Q2
得意なことはなんですか？

咲里ちゃん：鉄棒の逆上がり。
心春ちゃん：体操。
拓生くん：逆立ち歩き。
暖久くん：跳び箱、片手横回り。

Q3
苦手なことはなんですか？

咲里ちゃん：ない。
心春ちゃん：ない。
拓生くん：跳び箱12段。
暖久くん：ブリッジ歩き、回転。

Q4
いちばんうれしいのはどんなときかな？

咲里ちゃん：給食のとき、自分で準備すること。
心春ちゃん：かけっことかで1番を取ったとき。
拓生くん：何かをして、人に褒められたとき。
暖久くん：公園などへおでかけするとき。

Q5 いまの目標はなんだろう？

咲里ちゃん：三点倒立からの逆立ち歩きができるようになりたい。
心春ちゃん：ソロバン1級。
拓生くん：レスリング優勝。
暖久くん：ブリッジ回転、レスリングが強くなること。

Q6 将来は何になりたいですか？

咲里ちゃん：本屋さん。
心春ちゃん：本屋さん。
拓生くん：仮面ライダーW《ダブル》。
暖久くん：マジックの人。

Q7 横峯《よこみね》理事長のこと、好きかな？

咲里ちゃん：好き。
心春ちゃん：パパのほうが好き。
拓生くん：かっこいいし、いろんなことを教えてくれるから好き。
暖久くん：ガムをくれて、怒るけどやさしい。たまに遊んでくれて、ジュースを買ってくれるから好き。

第3章

いますぐ家庭で使える「ヨコミネ式教材」を初公開！

「ヨコミネ式教材」を実践するまえに

ＹＹプロジェクトによるヨコミネ式教育法を導入した幼稚園や保育園が近所にない場合や、導入園に申し込んだけれど入園できなかったという場合も、諦《あきら》めないでください。

第３章では、ヨコミネ式勉強法を家庭でも実践できるように、「読み」「書き」「計算」３科目の教材と指導方法を初公開します。実際に私の園で使用しているテキストから重要と思われる部分を抜粋して紹介し、コピーをすればドリルとしてすぐに活用できるようにしました。ぜひとも家庭で実践してください。

ところで、家庭で「ヨコミネ式教材」を実践するまえに、ふたつお願いがあります。

その１　早寝早起きの習慣をつけてください

第２章でもお話ししましたが、夜ふかしは確実に学力低下のきっかけになります。子どもが4歳になったら、必ず早寝早起きの習慣を身につけさせてください。早寝早起きは子どもの成長にとってもっともだいじな生活習慣です。

夜は8時には寝かせるようにしましょう。そうすると、朝の6時にはお腹が空いて、自然と目を覚ますようになります。6時から朝食をとって、6時半から「読み」「書き」「計算」の勉強を20分ずつ1時間行えば、7時半にはその日の勉強を終えることができます。

昼寝は、早寝早起きを実行するための大きな障害となります。子どもも4歳頃《ごろ》になると体力がついてくるので昼寝は必要ありませんし、4歳になっても昼寝をさせていると、どうしても夜ふかしが身についてしまいます。8時くらいまで起きていられる体力がついてきた時点で、昼寝はやめてください。4歳児や5歳児クラスでも昼寝の時間を取っている保育園に通っている場合は、昼寝をさせないように保育園に頼んでみることをおすすめします。

その2　子どもを、赤ちゃん扱いしないでください

甘えさせていいのは2歳まで。抱きしめるのも2歳まで。3歳になったら突き放すようにしてください。子どもには「成長したい」という本能があるので、3歳になったら「お

兄ちゃん・お姉ちゃん扱い」をするほうが子どもは喜びます。

男の子を呼ぶときには「○○ちゃん」「○○くん」と呼ぶのではなく、名前を呼びすてにしましょう。

お母さんのなかには、ずっと「ちゃんづけ」「くんづけ」で呼んでいる人がいますが、それはいけません。男の子は呼びすてにされると、自分を認められたと感じて喜ぶものなのです。

買い物にいっしょに行ったときは、空っぽの大きなリュックサックを背負わせ、買った物をどんどんそのリュックに入れて運ばせるというのもいいでしょう。お母さんは財布だけ持って出かけ、ついてこさせるのです。男の子は、大好きなお母さんのために役立っていると感じ、うれしく思うはずです。そんな何気ない日常の経験が、男の子を体力的にも精神的にもたくましく成長させます。

女の子なら、お母さんのお手伝いをさせることです。

女の子は4歳くらいになるとお母さんのまねをしたがるもので、ちょっとした洗い物をさせたりするだけで喜びます。専用のエプロンを与えるのもいいですね。最初のうちは、お母さんが自分でするよりも時間と手間がかかってしまうかもしれません。でも、そこはしばらく我慢してください。

子どもは「どうしたら、もっと上手にできるのか」「どの順番でやれば、もっと早くできるのか」と、自分で工夫をするようになります。女の子は、お母さんの仕事をさせることで、習い事をさせるよりもずっと多くのものを学んでいきます。

このふたつさえできるようになれば、「ヨコミネ式教材」を実践するための事前準備は完了。

さあいよいよ、つぎのページから「家庭で使えるヨコミネ式教材」の初公開です！

家庭で使えるヨコミネ式教材 その1

読み

読み聞かせって、何歳まで続ければいいのでしょうか？

答えは2歳です。3歳になる年の春には、読み聞かせは一切やめてください。みなさんがよかれと思って読み聞かせを続けても、子どもは自分で本を読めるようにはなりません。それどころか、5歳になっても読み聞かせを続けていると、受け身の姿勢が身についてしまいます。読んでもらうことが習慣となり、脳が自分で読むということを拒否するようになります。

2歳の後半になったら、ひらがなの五十音を教えましょう。はじめは、ひらがなを書いたカードを1枚ずつ子どもの前に差し出し、読みかたを教えるのが効果的です。ひらがなカードは、市販されているものもありますが、厚めの紙でかんたんに作ることができます。色鉛筆や色ペンを使って、たのしい印象のものを作ってください。カードを使うと、子どもは遊びの感覚で取り組むことができます。

「これは、たまごの『た』だよ」

「これは、アンパンマンの『あ』だね」

などと、身近な言葉と結びつけて教えるのがいいでしょう。覚えてきたら、「この字から始まる言葉は何がある?」というふうに、質問をしてください。

ひらがなの五十音をほぼ読めるようになったら（完全にではなくてかまいません）、かんたんな本を与えてください。かんたんな本というのは、字数が少なく、ページ数も少ない本のことです。

「読み」を学ぶうえでのポイントは、「本読みノート」を作ることです。A6サイズの大学ノートを用意し、1冊読み終えるごとに、日付と本のタイトルを記録していきます。はじめは自分で書けませんから、親が記録してあげてください。

本読みノートのページが、つぎつぎと読み終えた本のタイトルで埋まることで、子どもは達成感を得ることができます。ノートを使い切ってしまったら、新しいノートを1冊目のうしろに貼《は》りつけます。背表紙の部分を太いテープで貼りつけるだけでかまいません。また使い切ったら新しいノートを貼りつけ、2冊3冊と重ねていきます。本読みノートが徐々に厚みを増していくことで、子どもはより達成感を得ることができ、夢中になって本を読むようになります。

同じ本を重複して読んでもかまいません。きちんと最後まで読み終えたら、本読みノートに記入してあげましょう。

ステップ1

拾い読み

通山保育園の本棚より、
この時期におすすめの本。
「ねみちゃんとねずみくん」(ポプラ社)
「でんしゃ ちえあそび」(講談社)
「りんごです」(文化出版局)

ひらがなの五十音が読めるようになったら、まずかんたんな本で拾い読みをさせます。拾い読みとは、文字を1字ずつたどって読んだり、読める文字だけを読むことをいいます。4歳になる年の夏くらいまでに始めるのが理想的です。

毎日決まった時間に、読み聞かせをするように横について、1文字ずつを指でさし、「あ、これ、読める字だね。読んでごらん。そう、すごい！　これも読めるよね」という具合に進めます。

はじめはあせらず、できるだけ簡単でくり返しの多い絵本を選び、子どもが「できる！」「おもしろい！」と感じられるように、声をかけたりすることが必要です。子ども

が読めない文字にであったら、すぐに教えるのではなく、

「これは、なんだった?」

「『じ』に小さな『や』だと、なんて読むの?」

というような質問をして、自分で考える時間を与えましょう。自分で考えて出した答えは、教えてもらった答えよりも、しっかりと記憶されます。

かんたんな本を何冊か読み終えたら、ほんの少しだけレベルを上げましょう。ページ数や文字の量を少しずつ増やしていきます。そうしているうちに、ひとりで拾い読みができるようになってきます。1日に最低1冊は読ませましょう。

ステップ2
すらすら読み

通山保育園の本棚より、
この時期におすすめの本。
「ももたろう」(講談社)
「おともだちに なってね」(金の星社)
「シンデレラ」(永岡書店)

本を読むのに慣れてくると、「り・ん・ご」ではなく「りんご」と言葉全体で捉《とら》えられるようになってきます。文字が多くて厚い本も読めるようになり、文字の読み間違いも少なくなってきます。進歩が感じられたら、

「上手に読めるようになったね。今度は声を出さないで読んでみよう」

と言って、黙読をさせましょう。その場合もときどきは声に出して読ませ、間違いがないことを確認してください。

この段階になると、子どもはこれまでよりもむずかしい本に挑戦したがるようになります。子どもが読みたいと思う本を与えてください。

ここで注意してほしいのが、本読みノートには読みきった本だけを記録するということです。むずかしい本に挑戦すると、最後まで読みきれず途中で投げ出してしまうこともあります。そんなときでも、ついつい読みきったことにしてしまうのが親心ですが、本読みノートには記録しないでください。

つぎの日に、また続きにトライさせます。あるいは、一度本のレベルを下げて何冊か読破した後に、再トライさせてください。そんなふうにしてむずかしい本を読み終えると、子どもはまたひとつ自信をつけることになります。

この頃の子どもは、文字を読めても読解力がついているわけではありません。本を読ん

でその内容がわかるようになるには、人生での経験が必要ですが、それは小学校の高学年くらいからのことだと思います。

そこで、読解力をつける準備段階として、かんたんな文章の理解力を身につけさせるために、小さなホワイトボードを準備し、第2章でご紹介した通山《とおりやま》保育園の板書メッセージのように、お母さんから子どもへのメッセージを書いて読ませましょう。

たとえば――、

おかえりなさい。

はじめに、てをあらいましょう。

おやつは、てーぶるのうえにあります。


遊んで帰ってきた子どもにこれを読ませ、読み終わったら消してもらいます。そして、手を洗いテーブルについたら、メッセージを理解していることになりますよね。

こんなことを1日に2～3回行います。毎日続けると1年間で1000以上の文章を読んだことになります。

ステップ3

小学生レベルの本に挑戦！

絵本をスラスラと読めるようになると、子どもは本を読むことが大好きになり、1日1冊では物足りなくなります。ひとりで黙読を始めるようになれば、本を読む習慣がしっかりと身についた証拠です。お気に入りの本探しを手伝って、どんどん読ませてあげましょう。5歳になる頃には、小学校5~6年生向けの本だって、読めるようになります。

ホワイトボードのメッセージも、4歳頃からは、

おはようございます。
今日《きょう》は、雨《あめ》がふりそうなので、

通山保育園の本棚より、
この時期におすすめの本。
「クワガタムシ・カブトムシ」（講談社）
「あめたろう」（岩崎書店）
「かいけつゾロリの大どろぼう」（ポプラ社）

傘《かさ》を持《も》っていきましょう。

などと、漢字を交えて書くようにしてください。はじめての漢字にはふりがなをつけます。5歳頃からは、文章も少し長くして、

今日《きょう》は、パパのお誕生日《たんじょうび》なので、
幼稚園《ようちえん》の帰《かえ》りに、
ケーキを買《か》いに行《い》きます。
帰《かえ》ってきたらすぐに、
お部屋《へや》に飾《かざ》りをつけましょう。
○○は、お誕生日《たんじょうび》の歌《うた》を
上手《じょうず》に歌《うた》えるかな？

と難易度を上げてください。文章のなかに自分や家族の名前が入ることで、親しみがわき、たのしく読むことができます。子どもが興味を抱く内容を工夫しましょう。

つぎのページから、通山保育園Aクラスの井上《いのうえ》心《こ》春《はる》ちゃんの本読みノートを掲載しました。

すでに2700冊を読破している心春ちゃんなので、もちろんごく一部しか紹介できませんが、年少、年中、年長それぞれの段階でどんな本を読んだのか、おおいに参考にしてください。ただし、子どもの発達には個人差がありますので、とらわれすぎる必要はありません。

タイトル	著者	出版社
３びきのちびきょうりゅう	ニコラ・スミィ／末吉暁子	あかね書房
ボリスとあおいかさ	ディック・ブルーナ／角野栄子	講談社
ねずみくんのチョッキ	なかえよしを／上野紀子	ポプラ社
つかんでごらん	五味太郎	偕成社
おててぱちぱち	あまんきみこ／上野紀子	ポプラ社
おたんじょうびに　きてください	竹下文子／田中四郎	フレーベル館
このおとだれだ	こもりまこと	童心社
パパだいすきママだいすき	やすいすえこ／いもとようこ	岩崎書店
いないいないばあ	松谷みよ子／瀬川康男	童心社
ころ　ころ　ころ	元永定正	福音館書店
ひよこ	中川ひろたか／平田利之	金の星社
だいじょうぶかしらねずみくん	五味太郎	偕成社
くまさん　おでかけ	なかがわりえこ／なかがわそうや	福音館書店
びじょとやじゅう	平田昭吾	ポプラ社
いいおへんじできるかな	きむらゆういち	偕成社
３びきのちびモンスター	ニコラ・スミィ／末吉暁子	あかね書房
もりのおかしやさん	舟崎靖子／舟崎克彦	偕成社
てがみがきたよ	奥野涼子	フレーベル館
しらゆきひめ	グリム／立原えりか／いわさきちひろ	講談社
あそぼうよ	五味太郎	偕成社
かくれんぼ	とりごえまり	偕成社
おばけがぞろぞろ	ささきまき	福音館書店
もりのゆうびんきょく	舟崎靖子／舟崎克彦	偕成社
はんぶんちょうだい	山下明生／長新太	小学館
ぽけっと　いっぱい	いもとようこ	金の星社
うさぎとかめ	黒井健	小学館
さる　かに　がっせん	いもとようこ	金の星社
このいろなあに	せなけいこ	金の星社
げんきに　あいさつ	やなせたかし	フレーベル館
ボリスのゆきあそび	ディック・ブルーナ／角野栄子	講談社
わらしべちょうじゃ	杉山亮／高畠那生	小学館
だれかな？　だれかな？	なかやみわ	福音館書店
びっくり、しゃっくりくしゃみに おなら	長新太	福音館書店
カニ　ツンツン	金関寿夫／元永定正	福音館書店
アリスおばさんのパーティー	ディック・ブルーナ／角野栄子	講談社
おかあちゃん　あそぼ！	飯野まき	福音館書店
うさこちゃんとゆうえんち	ディック・ブルーナ／石井桃子	福音館書店
こんなこいるかな まねっこの まねりん	有賀忍	講談社
もぐらくんとゆきだるまくん	ハナ・ドスコチロヴァー／ズデネック・ミレル／木村有子	偕成社
ぷくちゃんのたくさんだっこ	ひろかわさえこ	アリス館
おはよう	まついのりこ	偕成社
ちいさなロッテ	ディック・ブルーナ／角野栄子	講談社

133ページの上から132ページの下まで、心春ちゃんが読んだ順に並んでいます

年少さんまでに、こんな本を読みました！
井上心春ちゃんの「本読みノート」（2006年8月〜2008年3月）より

タイトル	著者	出版社
ねんどママはみがきしたよ	ゆきのゆみこ／ヒダオサム	チャイルド本社
わにわにのおふろ	小風さち／山口マオ	福音館書店
どうぶついっぱい	わらべきみか	講談社
きんぎょが　にげた	五味太郎	福音館書店
いいこでねんねできるかな	きむらゆういち	偕成社
どろんこ　どろんこ！	わたなべしげお／おおともやすお	福音館書店
もう　おきるかな？	まつのまさこ／やぶうちまさゆき	福音館書店
あかずきん	いもとようこ	岩崎書店
こぐまちゃんおはよう	わかやまけん／わだよしおみ／もりひさし	こぐま社
あかんべノンタン	おおともやすおみ／キヨノサチコ	偕成社
ノンタン　おしっこ　しーしー	キヨノサチコ	偕成社
あつめて　あつめて…	なかむらようこ	チャイルド本社
おおきなかぶ	A. トルストイ／佐藤忠良／内田莉莎子	福音館書店
こぐまのボリス	ディック・ブルーナ／角野栄子	講談社
ようい　どん	わたなべしげお／おおともやすお	福音館書店
きたかぜと　たいよう	ＬａＺＯＯ／ながさきくにこ	学習研究社
わたしのねこちゃん	かんなりまさこ／荒井良二	福音館書店
ぷちぷち	ひろかわさえこ	アリス館
あそんであそんで	岡本順	偕成社
かもとりごんべえ	いもとようこ	金の星社
ブレーメンのおんがくたい	グリム／ブライアン・ワイルドスミス／角野栄子	講談社
金太郎	米内穂豊	講談社
ぷくちゃんのとことこあんよ	ひろかわさえこ	アリス館
ノンタン　はみがき　はーみー	キヨノサチコ	偕成社
どうやって　ねるのかな	やぶうちまさゆき	福音館書店
ねないこ　だれだ	せなけいこ	福音館書店
ありときりぎりす	イソップ／平田昭吾	ブティック社
おひるねかばくん	いなばまさおみ	チャイルド本社
ミッフィーどうしたの？	ディック・ブルーナ／角野栄子	講談社
まちの　ねずみ　いなかの　ねずみ	イソップ／あおきひろえ	学研
ノンタン　ぶらんこ　のせて	おおともやすおみ／キヨノサチコ	偕成社
３ばの　ちびの　ひよこ	ニコラ・スミィ／末吉暁子	あかね書房
ボリスのやまのぼり	ディック・ブルーナ／角野栄子	講談社
まる、しかく、さんかく	ディック・ブルーナ／松岡享子	福音館書店
さるとかに	神沢利子／赤羽末吉	銀河社
さむいんだもん	ひろのみずえ	チャイルド本社
しろ、あか、きいろ	ディック・ブルーナ／松岡享子	福音館書店
３びきのちびねこ	ニコラ・スミィ／末吉暁子	あかね書房
こぐまちゃんとぼーる	わかやまけん／わだよしおみ／もりひさし	こぐま社
はだかのおうさま	H・C・アンデルセン／竹下文子／西巻茅子	岩崎書店
ね、ぼくのともだちになって	エリック・カール	偕成社
いただきますあそび	きむらゆういち	偕成社

タイトル	著者	出版社
あかちゃんがうまれたよ	アナスタシア・スェン／チーウェイ・チャン／中井貴恵	岩崎書店
ファーブル昆虫記　たまころがし	小林清之介／松岡達英	ひさかたチャイルド
ぐりとぐらとくるりくら	なかがわりえこ／やまわきゆりこ	福音館書店
みつばちマーヤのぼうけん	武鹿悦子／いがわひろこ	ひかりのくに
はじめてのおるすばん	しみずみちを／山本まつ子	岩崎書店
かわりばんこじゅんばんこ	ささきようこ	ポプラ社
かぐやひめ	いもとようこ	金の星社
孫悟空	本田庄太郎	講談社
どこどこかえる	杉田比呂美	福音館書店
ガリバーりょこうき	ジョナサン・スウィフト／おぼまこと／こわせたまみ	チャイルド本社
三日月王とわがままひめ	グリム／照沼まりえ／さくましげ子	永岡書店
一休さん	宮尾しげを	講談社
さんびきの　くま	神沢利子／さとうわきこ	フレーベル館
クレヨンのはしご	板橋敦子	ひさかたチャイルド
つるのおんがえし	いもとようこ	金の星社
はくちょうの王子	ハンス・クリスチャン・アンデルセン／平田昭吾／大野豊	ポプラ社
あおぞらえんのおとまりかい	斉藤栄美／土田義晴	ポプラ社
さっちゃんのまほうのて	たばたせいいち	偕成社
ねむれる森のひめ	グリム／水端せり／中島ゆう子	永岡書店
きいちゃんとゆきだるまちゃん	おおしまたえこ／かわかみたかこ	ポプラ社
ありがとうをわすれると	山下明生／ナメ川コーイチ	学習研究社
オズの魔法使い	L・F・バウム／W・W・デンスロウ／渡辺茂男	福音館書店
いたずらおばけ	イギリス昔話　瀬田貞二／和田義三	福音館書店
わんぱくだんのはらっぱジャングル	ゆきのゆみこ／上野与志／末崎茂樹	ひさかたチャイルド
みにくいあひるの　こ	古藤ゆず／はせがわゆうじ	学習研究社
くすのきだんちへおひっこし	武鹿悦子／末崎茂樹	ひかりのくに
そして　ふたりでにっこりしたの	ハーウィン・オラム／メアリー・リース／まつかわまゆみ	評論社
いのちは見えるよ	及川和男／長野ヒデ子	岩崎書店
からすのパンやさん	かこさとし	偕成社
まじょのまほうやさん	あんびるやすこ	ポプラ社
スーザンのかくれんぼ	ルイス・スロボドキン／やまぬしとしこ	偕成社
ふしぎの国のアリス	ルイス・キャロル／ジョン・テニエル／生野幸吉	福音館書店
はなさかじいさん	いもとようこ	金の星社
わたしのいもうと	松谷みよ子／味戸ケイコ	偕成社
おひめさまのなぞなぞ	グリム兄弟／平田昭吾／大野豊	永岡書店
おたんじょうびのおくりもの	芭蕉みどり	ポプラ社
ジョンがきょうりゅうになったひ	つばたみつひろ／ショウジサダム	ひさかたチャイルド
おおきな　おおきな　おいも	赤羽末吉	福音館書店
はくちょうのみずうみ	立原えりか／いわさきちひろ	講談社
ゆうびんやさんのホネホネさん	にしむらあつこ	福音館書店
あひるさんのぼうし	神沢利子／太田大八	福音館書店
かさじぞう	松谷みよ子／黒井健	童心社

135ページの上から134ページの下まで、心春ちゃんが読んだ順に並んでいます

年中さんのとき、こんな本を読みました！
井上心春ちゃんの「本読みノート」（2008年4月～2009年3月）より

タイトル	著者	出版社
たまごとひよこ	ミリセント・E・セルサム／竹山博／松田道郎	福音館書店
ねずみのすもう	いもとようこ	岩崎書店
おおきくなったら　なにに　なる？	フランソワーズ／なかがわちひろ	偕成社
おばけスクール1年生	ひらいたかこ	旺文社
ほね	堀内誠一	福音館書店
へんしんコンサート	あきやまただし	金の星社
あかまるちゃんとくろまるちゃん	上野与志／村松カツ	チャイルド本社
ほんとに　さよなら？	中島和子／田中四郎	フレーベル館
きたきた　うずまき	元永定正	福音館書店
まて　まて　まて	こばやしえみこ／ましませつこ	こぐま社
ぞうくんのあめふりさんぽ	なかのひろたか	福音館書店
コップをわったねずみくん	なかえよしを／上野紀子	ポプラ社
まめうしとつぶた	あきやまただし	PHP研究所
ぞうくんのさんぽ	なかのひろたか／なかのまさたか	福音館書店
チョコレートのじどうしゃ	立原えりか／太田大八	チャイルド本社
たろのえりまき	きたむらえり	福音館書店
にんぎょひめ	アンデルセン／曽野綾子／いわさきちひろ	偕成社
こぶとりじいさん	いもとようこ	金の星社
おとなりさん	きしらまゆこ／高畠純	BL出版
おべんとうをたべたのは　だあれ	神沢利子／柿本幸造	チャイルド本社
おおかみと7ひきの子やぎ	小澤俊夫／黒井健	講談社
わんぱくだんのにんじゃごっこ	ゆきのゆみこ／上野与志／末崎茂樹	チャイルド本社
ねこのかぐやひめ	谷真介／小沢良吉	金の星社
ながぐつをはいたねこ	末吉暁子／飯野和好	講談社
すずめくん どこで ごはん たべるの？	たしろちさと	福音館書店
なっちゃんのゆきうさぎ	こいでやすこ	福音館書店
ぶんぶくちゃがま	おざわとしお・しむらゆきこ／はせがわともこ	くもん出版
ぐりとぐら	なかがわりえこ／おおむらゆりこ	福音館書店
ちいさなねこ	石井桃子／横内襄	福音館書店
ひとつひまわり	小長谷清実／福知伸夫	福音館書店
ともだちほしいな　おおかみくん	さくらともこ／いもとようこ	岩崎書店
まほうのコップ	長谷川摂子／藤田千枝／川島敏生	福音館書店
あかくんまちをはしる	あんどうとしひこ	福音館書店
よぶこどり	浜田廣介／いもとようこ	金の星社
てのひらおんどけい	浜口哲一／杉田比呂美	福音館書店
ちのはなし	堀内誠一	福音館書店
ふるやのもり	今村泰子／清水耕蔵	ほるぷ出版
ちからたろう	いまえよしとも／たしませいぞう	ポプラ社
おばけだいこ	水谷章三／梅田俊作	学習研究社
ナイチンゲール	H・C・アンデルセン／赤木かんこ／丹地陽子	フェリシモ出版
なつペンギン	塩野米松／村上康成	ひかりのくに
おうさまのきもの	アンデルセン／山田あおい／長浜宏	学習研究社

タイトル	著者	出版社
カフィーのまじょまじょテスト	ないとうくるみ／ひろたあきこ	ポプラ社
かいけつゾロリとまほうのへや	原ゆたか	ポプラ社
おおきなテーブルおゆずりします	村山桂子／川村みづえ	教育画劇
おばけのひやめしや	ささきみお	チャイルド本社
十二のつきのおくりもの	八百板洋子／岩本康之亮	学習研究社
10 ぴきのかえるのたなばたまつり	間所ひさこ／仲川道子	PHP研究所
あかいくつ	アンデルセン／神沢利子／いわさきちひろ	偕成社
かいけつゾロリのきょうふのプレゼント	原ゆたか	ポプラ社
さんびきねこのおみせやさんごっこ	上野与志／礒みゆき	チャイルド本社
かいけつゾロリのきょうふのカーニバル	原ゆたか	ポプラ社
アルプスの少女ハイジ	ヨハンナ・スピリ／高畑勲	徳間書店
かいけつゾロリとなぞのひこうき	原ゆたか	ポプラ社
かいけつゾロリのめいたんてい とうじょう	原ゆたか	ポプラ社
あまのがわの　きんの　はし	かたおかしろう／藤城清治	ひかりのくに
かいけつゾロリの大かいぞく	原ゆたか	ポプラ社
かいけつゾロリけっこんする!?	原ゆたか	ポプラ社
かいけつゾロリのなぞのおたから大さくせん 前後編	原ゆたか	ポプラ社
かいけつゾロリのてんごくとじごく	原ゆたか	ポプラ社
じてんしゃにのるアヒルくん	デイビッド・シャノン／小川仁央	評論社
10 ぴきのかえるののどじまん	間所ひさこ／仲川道子	PHP研究所
かいけつゾロリのおばけ大さくせん	原ゆたか	ポプラ社
かいけつゾロリのじごくりょこう	原ゆたか	ポプラ社
すてきなやくそく	塩田守男	ひかりのくに
かいけつゾロリのきょうふのサッカー	原ゆたか	ポプラ社
かいけつゾロリぜったいぜつめい	原ゆたか	ポプラ社
なかよしいちじく	畑中弘子／大和田美鈴	ひかりのくに
こびととくつや	古藤ゆず／やまもとさやか	学習研究社
ゆうびんうさぎとおおかみがぶり	木暮正夫／黒井健	ひさかたチャイルド
とらねこのパパ	渡辺有一	フレーベル館
だいちゃんとてるてるじいさん	木村研／藤本四郎	チャイルド本社
がちゃがちゃ　どんどん	元永定正	福音館書店
あひるのたまご	さとうわきこ	福音館書店
かいけつゾロリの大かいじゅう	原ゆたか	ポプラ社
てんぐのそばまんじゅう	深山さくら／長谷川義史	チャイルド本社
ふしぎなたいこ	石井桃子／清水崑	岩波書店
のの　はくちょう	西本鶏介／牧野鈴子	チャイルド本社
ジャックとまめの木	森山京／村上勉	小学館
パパいっぱいだっこして！	長谷川知子	PHP研究所
こじまの もりの きんいろの てがみ	あんびるやすこ	ひさかたチャイルド
どんどん　とんとん　チャチャチャ	庄司三智子	ひさかたチャイルド
三びきのこぶた	瀬田貞二／山田三郎	福音館書店
はっぱふわふわ	石村知愛	チャイルド本社

137ページの上から136ページの下まで、心春ちゃんが読んだ順に並んでいます

年長さんのとき、こんな本を読みました！
井上心春ちゃんの「本読みノート」（2009年4月～10月）より

タイトル	著者	出版社
せかいいちおいしいレストラン	あんびるやすこ	ひさかたチャイルド
きいちゃんのひまわり	おおしまたえこ／かわかみたかこ	ポプラ社
どんどんちっちどんちっち	川崎洋／長新太	学習研究社
なんじゃもんじゃのいのち	山本省三／高見八重子	金の星社
ヘンゼルとグレーテル	平田昭吾／高橋信也／大野豊	ポプラ社
ゆきばらとべにばら	グリム／照沼まりえ／神戸ひかり	永岡書店
10ぴきのかえるのピクニック	間所ひさこ／仲川道子	PHP研究所
からすのカラッポ	舟崎克彦／黒井健	チャイルド本社
ゆうびんでーす！	間瀬なおかた	ひさかたチャイルド
ゆきの女王	平田昭吾／成田マキホ	ポプラ社
きつねのでんわボックス	戸田和代／たかすかずみ	金の星社
たいへんなひるね	さとうわきこ	福音館書店
おばけの ひゅーどろ デパート いい とこ	山脇恭／藤本四郎	チャイルド本社
シンデレラ	斎藤妙子	講談社
桃太郎	齋藤五百枝	講談社
ぴっけやまのおならくらべ	かさいまり／村上康成	チャイルド本社
あめたろう	今井弓子	岩崎書店
かばのもっこりおいしいにおいはどこだ？	おおはしえみこ／いけずみひろこ	チャイルド本社
かちかち山	千葉幹夫／尾竹国観	講談社
ことりの　ゆうびんやさん	松谷さやか／はたこうしろう	福音館書店
いちごつみ	神沢利子／平山英三	童心社
おやゆびひめ	アンデルセン／立原えりか／いわさきちひろ	講談社
３びきのくま	いもとようこ	金の星社
ピーターパン	末吉暁子	講談社
アラジンと魔法のランプ	アンドルー・ラング／エロール・ル・カイン／中川千尋	ほるぷ出版
マリアとライオン王子	水端せり／鈴木ひろみ	永岡書店
せっしゃ　にんじゃ	庄司三智子	チャイルド本社
ぎんいろのボタン	左近蘭子／末崎茂樹	ひかりのくに
ピッキーとポッキー	あらしやまこうざぶろう／あんざいみずまる	福音館書店
がんばれぽんちゃん	西本鶏介／田中秀幸	チャイルド本社
ねずみのよめいり	ＬａＺＯＯ／かいちとおる	学習研究社
ほらふきだんしゃくのぼうけん	高見映／長浜宏	学習研究社
おおさむこさむ	こいでやすこ	福音館書店
のはらの　はくちょう	渡辺節子／新野めぐみ	学習研究社
にんじゃ ごろべえ	矢崎節夫／島田コージ	フレーベル館
おむすびころりん	いもとようこ	金の星社
かあさんぎつね	イソップ／小林ゆかり	永岡書店
いそがなくっちゃ	かさいまり	チャイルド本社
ドラキュラくんのクリスマス	マーティン・ウォッデル／ジョゼフ・ライト／きざきふうこ	岩崎書店
うるざえもん	筒井敬介／長新太	ひさかたチャイルド
ゆうれいのおひめさま	吉田健一／四分一節子	永岡書店
いたずらぎつね	中川李枝子／山脇百合子	のら書店

家庭で使えるヨコミネ式教材 その2

書き

文字を書く練習は4歳になる年の春に始めますが、それまでにも、箸《はし》を使って食事をしたり、塗り絵・粘土・はさみなどで遊んだりして、手を使うことを多く体験させてください。指の力がつき、筆圧がしっかりとし、文字を書くときに手首や指先を自由に動かせるようになるからです。

背筋を伸ばした正しい姿勢で椅子《いす》に座り、机に向かう……子どもにはなかなかむずかしいことですよね。どうすれば身につくと思いますか？　走る練習を始めてください。走ることで腰骨がしっかりして姿勢がよくなります。毎日30メートルでいいから走らせてください。そうすれば、正しい姿勢を身につけることができます。

文字の練習は、私が長年子どもを指導してきた経験から考え出した「ヨコミネ式95音」で行います。そして、「95音」が書けるようになったら、文章を書写させる段階に移ります。書写によって、作文の基本となる言葉の使いかたを学ぶことができます。「てにをは」の使いかたが身についたら、作文や日記を書かせます。書写と並行して漢字練習も始め、小学校入学まえには、かんたんな漢字を使って作文が書けるようにします。

ステップ1

「ヨコミネ式」で学ぶ文字

ヨコミネ式95音

文字は、「あいうえお」からではなく、「一」「｜」「十」「二」から始まる「ヨコミネ式95音」の順番で教えていきます。これまで当然のこととして最初に教えてきた「あ」という文字は、曲線が多く複雑な形をしていて、子どもが書くにはむずかしすぎます。ところが、「ヨコミネ式95音」の順番で練習すれば、鉛筆にまだ慣れていない子どもにも書きやすい文字の順番で学べるので、自然と書き順や書きかたの基礎を身につけることができるのです。

4歳になる年の春には、146~151ページの練習帳をコピーして、練習を始めましょう。

まずは、鉛筆の持ちかたを教えて、「一」からスタートです。子どものうしろに回って持ちかたを教え、いっしょになぞってあげるのもいいでしょう。点線をなぞったり、空欄に自分で書いたりするうちに、自然としっかりした文字になってくるので、つぎの「一」に移ります。

文字を教えるうえで注意しなければならないことが3つあります。

ひとつ目は、あくまでもお絵描き感覚でということ。必死に文字を覚えさせようとすると、子どもは拒否します。

ふたつ目は、教材に忠実になりすぎずに、お子さんに合わせた方法で学ばせることです。多くの子どもが書きやすい順番に並べた「ヨコミネ式95音」ですが、あなたのお子さんにぴったり合うとは限りません。

たとえば、子どもたちがよくつまずくのは、「ヲ」です。つまずいた子にむりやり、その文字を練習させ続けてはいけません。苦手な文字は飛ばしてつぎに進みましょう。そしてずっと先の「マ」くらいまでいって力がついたと感じたら、「ヲ」に戻って書かせてみる。そうすると、スラッと書けるようになるものです。

3つ目は、細かいことは気にせずに進めること。この段階では、文字のだいたいの形が覚えられればよいと考え、ハネや点の向きなどは気にしないでどんどんやらせてください。練習帳の1ページをすべて埋めなくてもかまいません。子どもが、2行書いてつぎのページに進みたいというのであれば、どんどん進み、また戻ったときに残りの場所を埋めればいいのです。子どもの好きなように学ばせましょう。

この段階では、「三角鉛筆」や矯正用の「もちかたくん」を使うと、上手に鉛筆を握ることができます。上手に握れるようになっても4歳ぐらいまでは、短い鉛筆のほうが使いやすいので、半分に切るなどの工夫をしましょう。

◉ヨコミネ式95音練習帳の作りかた

① 146~149ページのコピーを、1ページずつ141%(A5→A4)の拡大で、A4サイズの用紙に取る。

② 150~151ページのコピーは、これも141%の拡大で、A4サイズの用紙に大量に取り、「ヨコミネ式95音」(144~145ページ)の順番どおりに、5番目の「エ」から、文字のお手本を薄めのサインペンなどで書きこむ。

③ ①と②をホッチキスなどで留める。

※お母さんのオリジナルの表紙をつけると、さらにたのしく取り組めるようになります。

※「二」「|」「十」「三」の4文字は12枚ずつ、「エ」以降は6枚ずつコピーを取って練習するのが目安ですが、お子さんのやりかたに応じて調整してください。

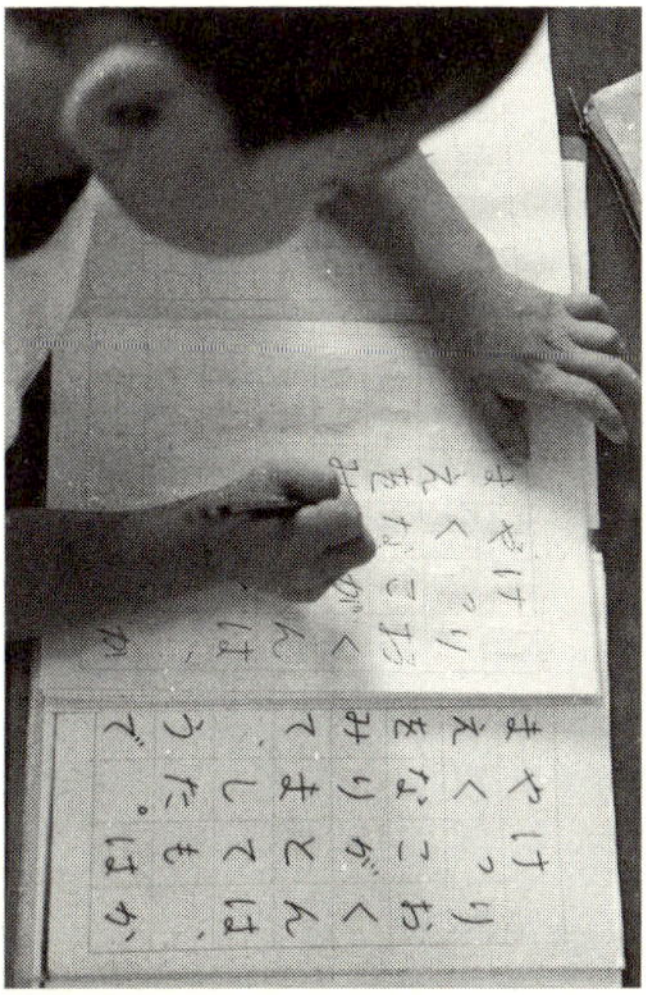

（右）5歳児のAクラスでは、全員、漢字の書き取りを始めている。
（左）書写の題材は、クラスメイトの名前と身近なエピソードで。

ヨコミネ式の幼稚園や保育園で
実際に教材として使われている4冊の「仮名文字練習帳」。

8	9	10	11	12	13	14
テ	ナ	ハ	フ	ラ	ヲ	リ
22	23	24	25	26	27	28
ホ	オ	カ	メ	ワ	ウ	ス
36	37	38	39	40	41	42
ア	ヤ	セ	ヒ	モ	ケ	ム
50	51	52	53	54	55	56
へ	り	く	つ	し	い	こ
64	65	66	67	68	69	70
ち	ろ	る	ら	か	の	ひ
78	79	80	81	82	83	84
わ	れ	ね	め	ぬ	す	み
92	93	94	95			
え	ん	あ	む			

1	2	3	4	5	6	7
一	｜	十	ニ	エ	ノ	イ
15	16	17	18	19	20	21
サ	ヘ	ト	コ	ヨ	レ	ル
29	30	31	32	33	34	35
ユ	ロ	ミ	ク	タ	ヌ	マ
43	44	45	46	47	48	49
キ	チ	ネ	ソ	ン	シ	ツ
57	58	59	60	61	62	63
に	た	け	も	う	て	と
71	72	73	74	75	76	77
せ	さ	き	よ	ま	は	ほ
85	86	87	88	89	90	91
や	そ	な	お	ゆ	を	ふ

月　　　日

★最初は1行に1回、慣れたら1ページに1回、
必ず褒める評価をしてください。

ここで評価をしてください。

★最初は1行に1回、慣れたら1ページに1回、必ず褒める評価をしてください。

月　　日

ここで評価をしてください。

月　　日

★最初は1行に1回、慣れたら1ページに1回、必ず褒める評価をしてください。

ここで評価をしてください。

★ 最初は1行に1回、慣れたら1ページに1回、必ず褒める評価をしてください。

月　　日

ここで評価をしてください。

★ 最初は1行に1回、慣れたら1ページに1回、
必ず褒める評価をしてください。

月　　日

ここで評価をしてください。

★最初は1行に1回、慣れたら1ページに1回、必ず褒める評価をしてください。

月　　日

ここで評価をしてください。

ヨコミネ式漢字表

「ヨコミネ式95音」が書けるようになったら、ステップ2「書写」、ステップ3「作文・日記」と並行して、左ページの「ヨコミネ式漢字表」により漢字の練習を始めます。

◉ヨコミネ式漢字練習帳の作りかた

① 156〜159ページのコピーを、1ページずつ141％（A5→A4）の拡大で、A4サイズの用紙に取る。

② 160〜161ページのコピーは、これも141％の拡大で、A4サイズの用紙に大量に取り、「ヨコミネ式漢字表」（153〜155ページ）の順番どおりに、9番目の「大」から文字のお手本を薄めのサインペンなどで書きこむ。

③ ①と②をホッチキスなどで留める。

※お母さんのオリジナルの表紙をつけると、さらにたのしく取り組めるようになります。

※どの漢字も6枚ずつコピーを取って練習するのが目安ですが、お子さんのやりかたに応じて調整してください。

ヨコミネ式漢字表　その1

1～80の順番に練習してください。

1	2	3	4	5	6	7	8
一	二	三	十	六	八	七	九
9	10	11	12	13	14	15	16
大	犬	上	土	小	川	力	口
17	18	19	20	21	22	23	24
千	下	山	月	天	田	夕	木
25	26	27	28	29	30	31	32
文	水	百	白	四	火	日	五
33	34	35	36	37	38	39	40
人	目	入	生	竹	休	女	立
41	42	43	44	45	46	47	48
虫	中	王	玉	石	名	右	左
49	50	51	52	53	54	55	56
円	手	子	正	早	出	雨	町
57	58	59	60	61	62	63	64
男	車	金	林	年	青	草	糸
65	66	67	68	69	70	71	72
本	校	森	先	字	学	花	空
73	74	75	76	77	78	79	80
気	村	貝	見	赤	音	足	耳

81～160の順番に練習してください。

81	82	83	84	85	86	87	88
光	雪	言	春	風	書	今	週
89	90	91	92	93	94	95	96
原	黄	色	太	毛	高	晴	多
97	98	99	100	101	102	103	104
新	思	話	近	教	科	知	友
105	106	107	108	109	110	111	112
毎	食	同	形	数	曜	顔	読
113	114	115	116	117	118	119	120
聞	前	絵	線	体	細	通	刀
121	122	123	124	125	126	127	128
切	明	歩	記	外	内	広	海
129	130	131	132	133	134	135	136
魚	楽	元	岩	長	答	考	紙
137	138	139	140	141	142	143	144
図	夏	行	公	園	朝	時	間
145	146	147	148	149	150	151	152
丸	点	店	買	会	弟	半	分
153	154	155	156	157	158	159	160
合	雲	組	交	羽	遠	室	声

161〜240の順番に練習してください。

161	162	163	164	165	166	167	168
才	門	星	弓	矢	牛	肉	当
169	170	171	172	173	174	175	176
頭	黒	何	来	家	帰	昼	親
177	178	179	180	181	182	183	184
方	後	語	番	作	引	歌	東
185	186	187	188	189	190	191	192
京	古	寺	船	米	池	野	走
193	194	195	196	197	198	199	200
鳥	道	止	戸	茶	画	麦	市
201	202	203	204	205	206	207	208
場	社	国	地	少	冬	秋	活
209	210	211	212	213	214	215	216
工	電	回	計	算	自	理	首
217	218	219	220	221	222	223	224
鳴	強	汽	用	里	谷	万	父
225	226	227	228	229	230	231	232
母	兄	姉	妹	午	夜	角	北
233	234	235	236	237	238	239	240
南	西	心	台	直	馬	売	弱

（　月　日）

一

音 いち（いっ）

くん ひと-つ

書きじゅん

一

（　月　日）

二

音 に

くん ふた-つ

書きじゅん

一 二 二

ここで評価

ここで評価

（　月　日）

三

音　さん

くん　みっーつ

書きじゅん

一　二　三

ここで評価

（　月　日）

十

音　じゅう　じっ

くん　とお　と

書きじゅん

一　十

ここで評価

（　月　日）

六

音 ろく

くん むっ むっつ

書きじゅん

六 六 六 六

ここで評価

（　月　日）

八

音 はち

くん やっつ よう

書きじゅん

八 八

ここで評価

（　月　日）

七

音　しち

くん　なな-つ　なの

書きじゅん

一　七

ここで評価

（　月　日）

九

音　きゅう　く

くん　ここの-つ

書きじゅん

ノ　九

ここで評価

（　月　日）

（　月　日）

くん　音

書きじゅん

ここで評価

くん　音

書きじゅん

ここで評価

（　月　日）　（　月　日）

くん　音

書きじゅん

くん　音

書きじゅん

ここで評価　ここで評価

ステップ2

やさしい心を育てる「書写」

文字の練習を始めて1年ぐらいが過ぎ、「ヨコミネ式95音」の文字が書けるようになったら、お母さんが書いたお手本の文章の書写をさせましょう。

書写は、作文や日記を書くための準備段階です。文字を書けるようになっても、子どもはまだ文章を自分で作ることはできません。そこで文章を書き写すことによって、作文の基本となる言葉の使いかたを学ばせるのです。

164~165ページに、私の保育園で先生が子どもたちのために書いた書写のお手本が載せてありますが、長所を褒めたり、できるようになったことを紹介するようにしてきました。すると子どもたちは、ほかの子どもたちの存在を肯定できるようになり、相手へのやさしい気持ちや認める気持ちを持つようになりました。

みなさんもこのやりかたを参考にして、手製のお手本をつくってあげましょう。

子ども自身を登場させたり、電車やアニメキャラクターなど子どもの好きなものや、お父さんやお母さんなどの家族のことなど、身近なことがらを取りあげると、興味を持って取り組めます。とくに最近できるようになったことや、だれかにやさしくしてあげたことなどを褒めてあげると、「自分のことを認めてくれている」と感じることができ、子どもたちは書写をたのしく感じるはずです。

8字×6行くらいがちょうどいいでしょう。174～175ページの用紙を1ページずつ141％（A5→A4）で拡大コピーを取り、使用してください。文章を書くことに慣れてきたら少しずつ長くし、漢字も徐々に増やしていきます。

書写をしたものは、1文字ずつ誤りがないかを必ずチェックしてください。書写した題材についての感想やコメントなどを書き入れたり、上手に書けていたら花マルをつけたりして、褒めてください。子どもがたのしく続けられる工夫をしましょう。

　ことちゃんは、みんなにとてもやさしいです。ともだちが、がんばっているとすぐにおうえんしています。

通山保育園の書写のお手本

しょうまくんは、とびばこがじょうずです。ジャンプがいいおとがして、てをバンとついてたかくとべます。

ステップ3 親子の会話で上達する「作文・日記」

書写の練習を続けて、ひとりでも上手にできるようになってきたら、作文と日記を書かせましょう。私の保育園では、年長（5歳児）クラスでほとんどの子が始めています。

いきなり、「昨日のことを書いてごらん」と言っても、できない子がほとんどです。計算のように正解がひとつに決まっていない作文には、子どももとまどってしまいます。

まずは、子どもと会話をしてください。今日したこと、思ったことなどを尋ね、その会話を文章にしていけばいいのです。「これでいいんだ」と安心させながら、進めていきます。くり返すうちに、自発的に文章が書けるようになりますよ。

［第1レベル］したことを書きましょう

まずはお母さんが、自分のかんたんな日記を子どもの前で書いてみてください。もちろん、子どもがわかる程度の文章で。

ゆうがたスーパーで、パパとゆうたがだいすきなすいかをかいました。とてもおもかったけど、ふたりをよろこばせるためにがんばりました。

というような身近な文章がよいでしょう。お母さんが日記を書く姿を子どもに見せることで、「自分の思ったとおりに書いていいんだ。自由に書けばいいんだ」と、理解させます。お母さんがたのしみながら、作文に取り組む姿を見せることが大切です。

つぎはいよいよ、子どもに作文を書いてもらうわけですが、子どもと会話をしながら作文の材料を探していきます。

●作文を書くための会話例　その1

お母さん「今日の給食で、何を食べたの？」
子ども「……カレー」
お母さん「カレーライス、大好きだもんね。じゃあ、『きゅうしょくで、カレーライスをたべました』って書こうか。そう、それでいいのよ。カレーライスには何が入ってたの？」
子ども「……ジャガイモ」
お母さん「ジャガイモだったんだ。じゃあ、『ジャガイモがはいってました』って書こう。いいよ、いいよ。上手にできたね。今日はおしまい！」

2文から3文程度の、ほんの短い文章でかまいません。句読点やマス目の使いかたに注意して、ていねいに指導してあげてください。

●子どもの作文例　その1

きゅうしょくで、

カレーライスをたべました。ジャガイモがはいってました。

子どもが書き上げたら、必ず赤鉛筆でコメントを書いて、ノートを渡してください。お母さんのコメントは、「読んだ子が笑顔になれる」ということを忘れずに。

●お母さんのコメント例　その1
ゆうたがだいすきなカレーライスを、たべられてよかったね。

[第2レベル] 感想を書きましょう

少しずつ作文の文章を長くしていきます。したことだけではなく、そのときの気持ちも質問するようにし、答えにつまる場合は選択肢を与えるようにしてください。

ただ、会話ばかりを長く続けていると、お母さんの日記になってしまうので注意しましよう。何よりも子どもが自発的に書いた文章を尊重することを忘れないでください。

●作文を書くための会話例　その2

お母さん「カレーライスには、ジャガイモのほかに何か入ってたの？」

子ども「おにく」

お母さん「じゃあ、『おにくがはいってた』って書こうね。どんな味だった？」

子ども「うーん……」

お母さん「からい？　あまい？　おいしい？」

子ども「おいしかったよ」

お母さん「じゃあ、『おいしかったです』って書きましょう。すごく上手よ！」

●子どもの作文例　その2

きゅうしょくで、
カレーライスをた
べました。ジャガ
イモとおにくがは

いってました。とてもおいしかったです。

お母さんからのコメントも、子どもが表現した気持ちの部分に対して書いてあげると、「これでいいんだ」とより感じてくれるでしょう。

●お母さんのコメント例　その2
ようちえんのカレーライスは、そんなにおいしいの？
お母さんもたべたいな。

【第3レベル】自由に書きましょう

できごとに気持ちを加え、少し長めの作文が書けるようになったら、お母さんとの会話なしで、自分の思うことや感じたこと、伝えたいことなどを自由に書きましょう。
この段階でも、必ず赤鉛筆のコメントをお願いします。お母さんがコメントを書いてあげることで、作文を書くたのしさがさらに増すはずです。ポイントは、「読んだ子が笑顔になれるようなコメント」ですよ！　つぎのような作文と返答コメントを参考にしてください。

●子どもの作文例　その3
きょうのよるごはんはオムライスだった。オムライスはだいすきだからいっぱいたべたけど、ピーマンがはいっているのでいやだった。

●お母さんのコメント例　その3
ゆうたが、おおきなオムライスをぜんぶたべちゃったから、お母さんもびっくりしました。これからは、きらいなピーマンもたべられるようにがんばろう！

●子どもの作文例　その4

きのう、こうすけくんとけんかをした。あさ、こうすけくんがおはようというので、ぼくもいった。そのあと、いっしょにブロックができてたのしかった。

●お母さんのコメント例　その4

こうすけくんとなかなおりができてよかったね。こうすけくんとゆうたは、なかよしだもんね。なんでけんかしちゃったのかな？　これからもなかよくしよう！

※174～175ページのコピーを、1ページずつ141％（A5→A4）の拡大で、A4サイズの用紙に取り、作文用紙として使いましょう。

月　　日

（　　　）

作文用紙

月　　日

(　　　　)

家庭で使えるヨコミネ式教材 その3

計算

「計算」も、「読み」「書き」と同様に、4歳になる年の4月から始めます。

計算の基本は「かず」。はじめて「かず」に触れるときのポイントは、見たものと「かず」を一致させることです。指を立てて「これは何本?」と聞くことから始めましょう。

数が数えられるようになったら、のちに紹介するように「たまたま」を見せて、「かず」に慣れさせていきます。「たまたま」で数字に興味を持たせて、計算へと誘導するので、私の保育園で使っている教材には、「たまたまけいさん」という名前がついています。

計算ができるようになったら、つぎはぜひソロバンに進みましょう。ソロバンのよさは学年に関係なく級を競うことができる点にあります。市販のテキストで、毎日取り組ませてください。

計算問題の答えあわせはお母さんの役目です。ぜんぶできていたら、花マルをつけてあげたり、シールを貼らせてあげたりと、子どもがたのしめる工夫をしてください。

計算は、壁にぶつかりやすい科目です。子どもが壁にぶつかったら、ひとつレベルを戻して復習させてください。バックしながら前に進む。スイッチバックで進みましょう。

◉ヨコミネ式計算練習帳の作りかた

①ステップ1〜7の教材ページのコピーを、1ページずつ141％（A5→A4）の拡大で、A4サイズの用紙に取る。

②コピーを取るページは、ステップ1：181〜191ページ、ステップ2：194〜209ページ、ステップ3：211〜213ページ、ステップ4：215〜219ページ、ステップ5：221〜227ページ、ステップ6：229ページ、ステップ7：231〜233ページ。

③見開きで紹介している教材の左ページは、右ページの教材の数字や●を空白にしたものなので、その空欄に数字や●を書きこんで、オリジナルの問題を作る。

※ステップごとにホッチキスなどで留めて、お母さんのオリジナルの表紙をつけると、さらにたのしく取り組めるようになります。

※見開きで紹介している教材の、左ページの数字や●を空白にしたページは、10枚ずつコピーを取って練習するのが目安ですが、お子さんのやり方に応じて調整してください。

ステップ1 「すうじ」と「かず」

「すうじ」を学ぶ準備段階として、1～10までの数を数えられるようにしておいてください。計算の練習を始める数ヵ月まえ、3歳の冬には練習を始めるとよいでしょう。

ステップ1では、つぎの5項目を目標にしてください。

①　数字を正しい書き順で書けること
②　点線をなぞって、枠からはみ出ないように数字を書けること
③　数字を読めるようにすること
④　1～20までの数字と数を理解し、物を1～20まで数えられるようにすること
⑤　1～10くらいの「たまたま」などの図は、数えなくてもいくつあるかがある程度わかるようにすること

この段階では、教材の順番にとらわれる必要はありません。できないところや、やりたがらないところは飛ばして、お子さんの好みの順番で進めてください。子どもによって紹

介している順番よりも、ほかの順番のほうがやりやすい場合もあるからです。たとえばこの本では、

「すうじをかいて　せんで　むすびましょう」（182ページ）
「おなじかずを　せんで　むすびましょう」（184ページ）
「すうじと　おなじかずだけ　□のなかに　●をかきましょう」（186ページ）

の順番で教材が並んでいますが、「すうじをかいて　せんで　むすびましょう」をやりたがらない場合は、たとえば少し飛んで、「すうじと　おなじかずだけ　□のなかに　●をかきましょう」から始めてもかまいません。そのあとでもう一度「すうじをかいて　せんで　むすびましょう」に戻ると、喜んで挑戦する場合も多いのです。

ステップ1は、「計算」練習の基本ですから、数字を書くのが大好きになるように進めることが大切です。

また、進める途中で、1～100までの暗唱の練習をしてください。入浴中などにくり返しお願いします。

なんかいも　よんで　おぼえましょう。

1	2	3	4	5	6	7	8	9	10
11	12	13	14	15	16	17	18	19	20

1から20まで　みないで　よめたら　□に○を　つけましょう。　□

●を1から　かぞえましょう。

●●●●●●●●●●

かぞえられたら　□に○を　つけましょう。　□

すうじをかいて　せんで　むすびましょう。

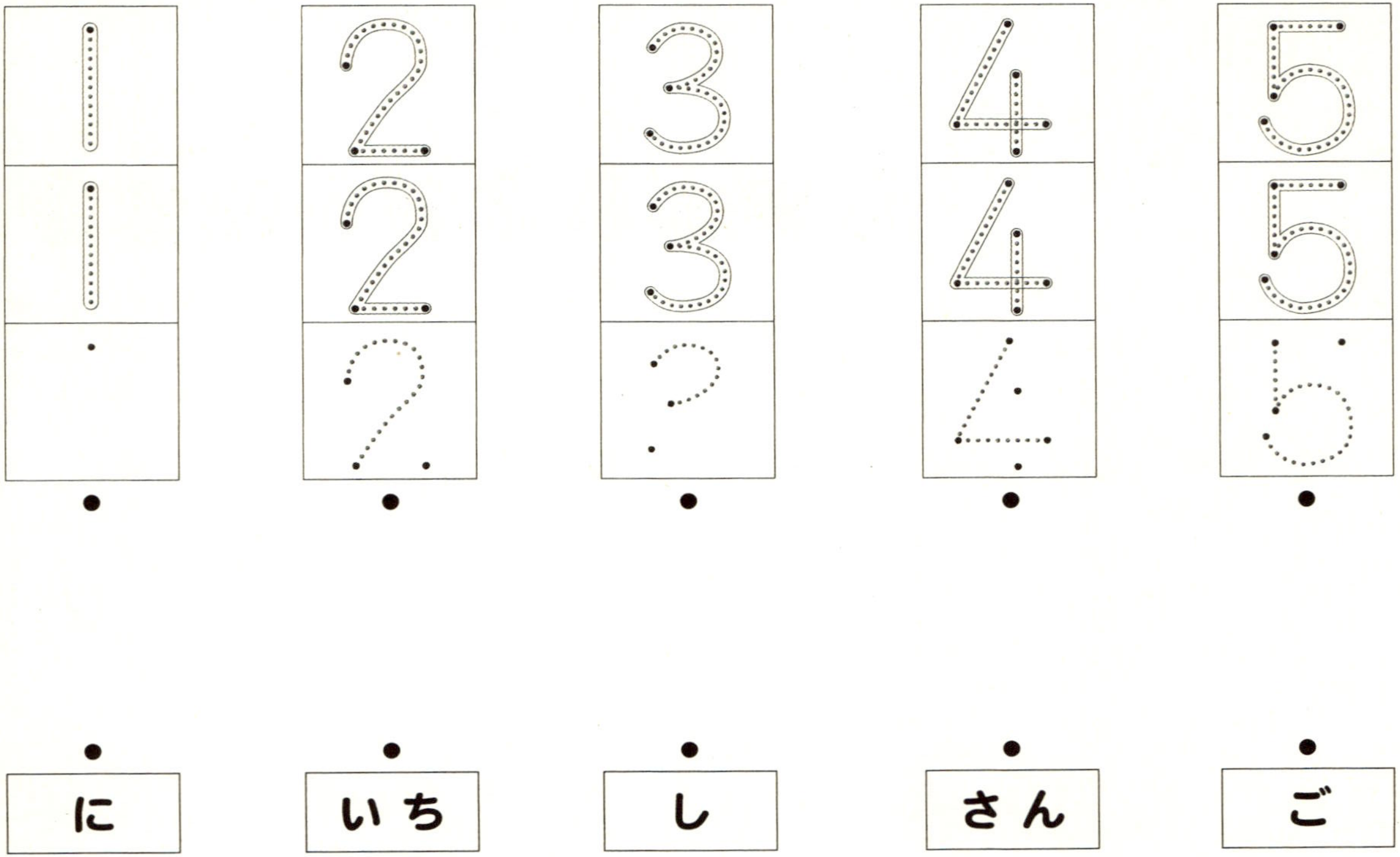

おうちのかたへ……右ページのように、上の□に1～10の数字を薄めのサインペンなどで書き(順序も変えて)、下の□にその数字の読み方を書き、問題を作ってください。

すうじをかいて　せんで　むすびましょう。

おなじかずを　せんで　むすびましょう。

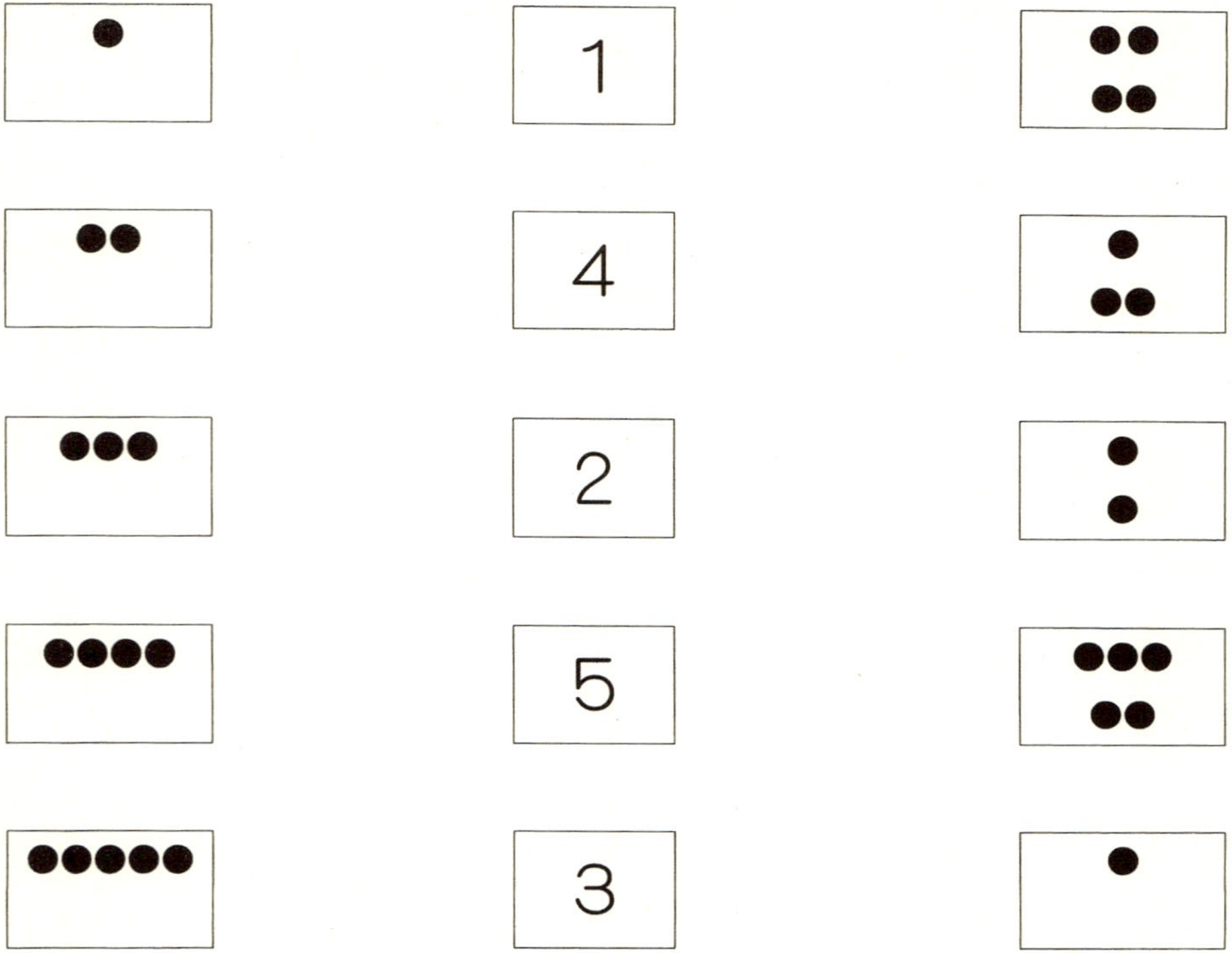

すうじとかず

おうちのかたへ……右ページのように1〜10の数字と●を書きこみ、問題を作ってください。

おなじかずを　せんで　むすびましょう。

すうじと　おなじかずだけ　□のなかに　●をかきましょう。

3					
1					
4					
2					
5					

4					
3					
2					
5					
1					

おうちのかたへ……右ページのように1～5の数字を書きこみ、問題を作ってください。

すうじと　おなじかずだけ　□のなかに　●をかきましょう。

たまは　いくつ　あるでしょう。　したの□に　すうじを　かきましょう。

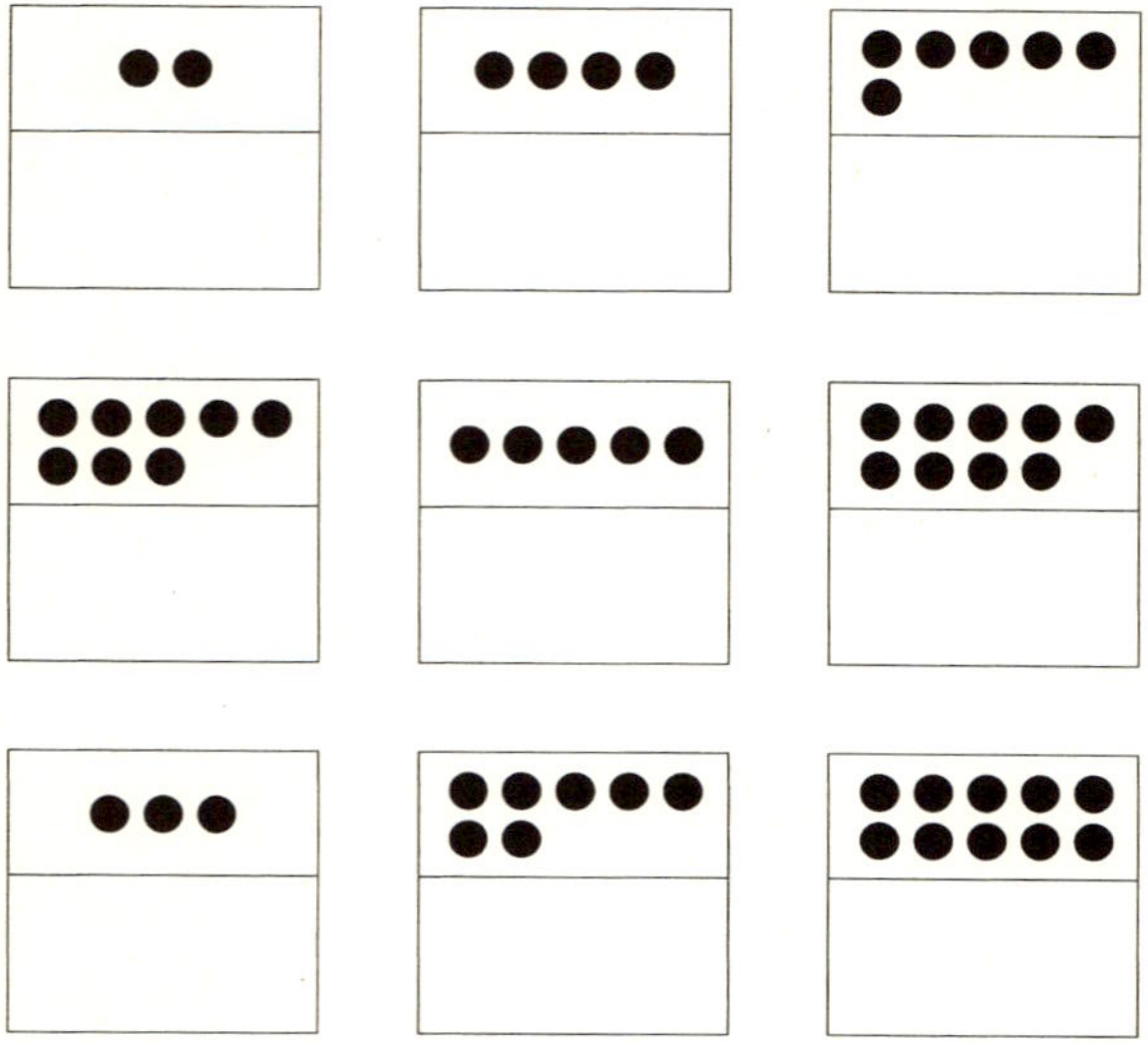

おえかきしましょう。

すうじを　かきましょう。

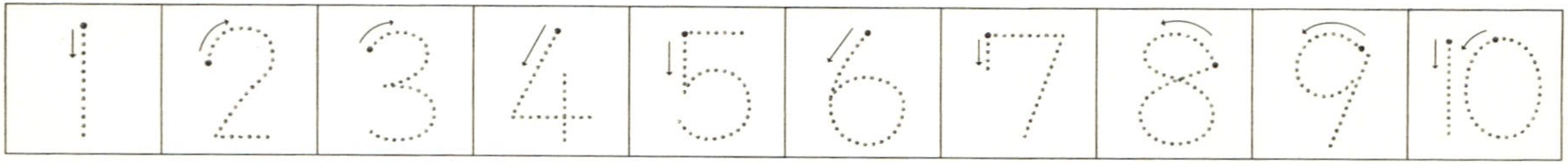

おうちのかたへ……右ページのように●を書きこみ、問題を作ってください。

たまは いくつ あるでしょう。

したの□に すうじを かきましょう。

おえかきしましょう。

すうじを かきましょう。

1
2
3
4
5
6
7
8
9
10

□に　すうじを　かきましょう。

	2	3		5	6		8	9	10

たまは　いくつ　あるでしょう。したの□に　すうじを　かきましょう。

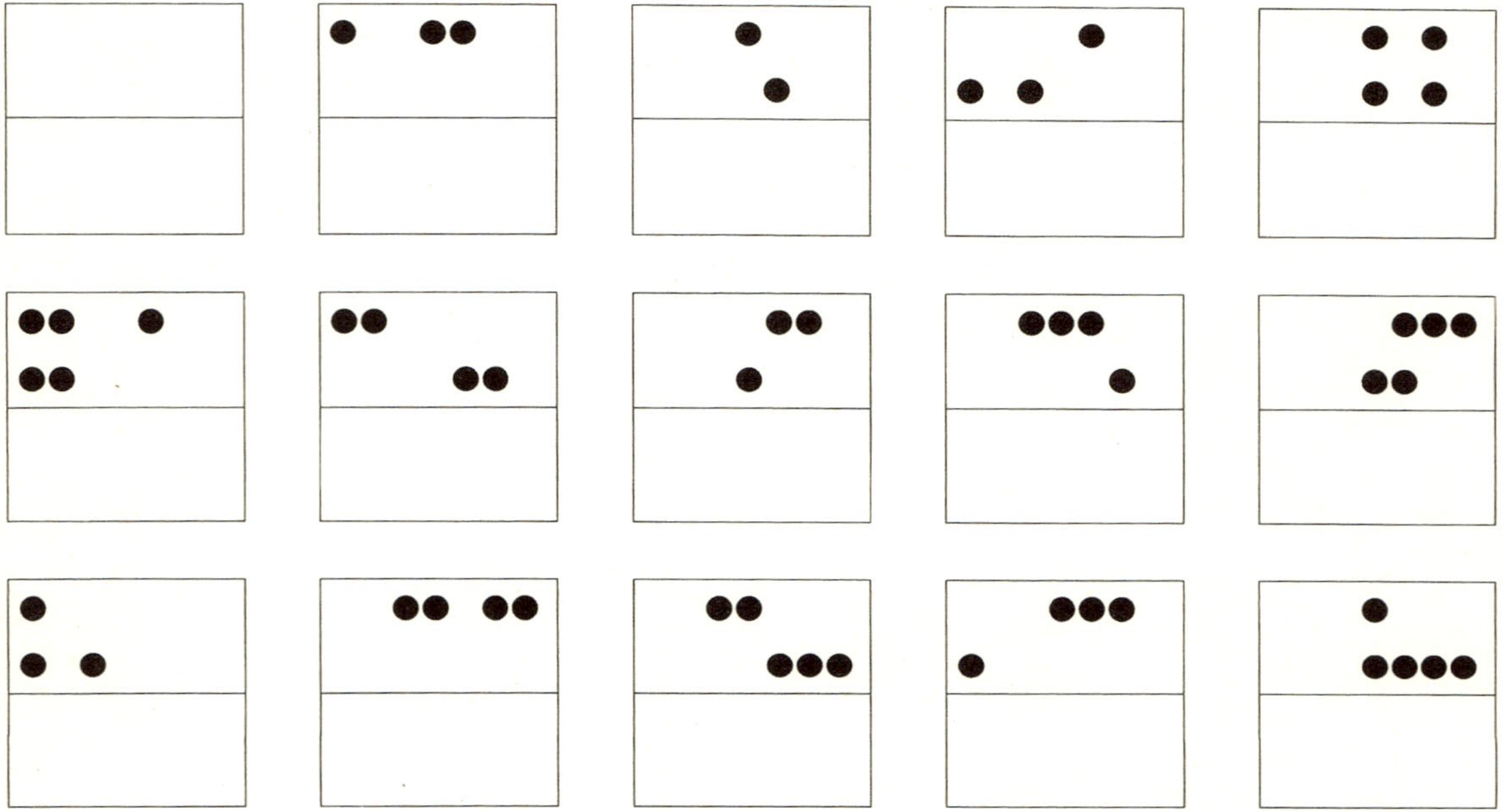

すうじとかず

おうちのかたへ……右ページのように、上の□には空欄を作りながら1～10の数字を、下の日の上段には●を書きこんで、問題を作ってください。

□に　すうじを　かきましょう。

たまは　いくつ　あるでしょう。したの□に　すうじを　かきましょう。

ステップ2

「たまたまさんすう」と「たまたましざん」

ステップ２で紹介する「たまたまさんすう」では、指を使わずに、たまをイメージして足し算ができるようにしています。しっかりたまを数えさせて、間違わずに答えを導けるようにしましょう。はじめは、たまを数えていても、くり返し練習するうちに、数えなくてもできるようになります。

たまたまさんすう

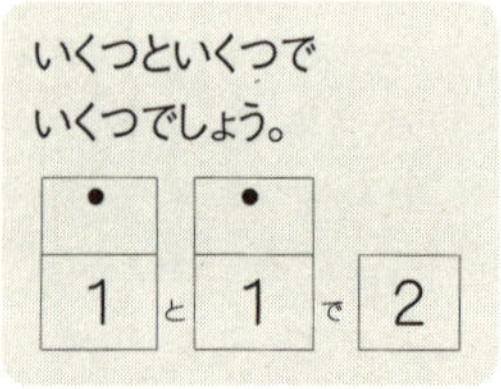

「たまたまさんすう」で、たまをイメージして足し算ができるようになったら、今度は、

たまたまたしざん

かぞえていくつ

大きい数が6の場合は、6から数えましょう。

少ない方を、数えるようにしましょう。

⑥ →⑦⑧(数える)　　⑧⑦← ⑥ (ひだりに数える)

6+2= 8　　2+6= 8

ふつうのけいさん

たまがなくて、分からない場合は、少ない方のすうじに、自分でたまを書きましょう。

⑥ →⑦⑧⑨(少ない方に書いてみる)　　⑨⑧⑦⑥← ⑤　　⑩⑨⑧← ⑦

6+3= 9　　4+5= 9　　3+7= 10

「たまたまたしざん」です。「たまたまさんすう」と違い、足し算の数式が主役になります。はじめは数字のうえに●をつけてありますが、だんだん数式だけの問題になります。数式だけでは解けない場合は、たまを書きこんで数えさせるようにします。

「たまたまたしざん」は、合計が10までの数の足し算がかんたんに答えられるようになるまで、くり返し続けてください。足し算をきちんとできるようになっていないと、引き算は理解できないので、根気よく日数をかけて取り組むようにしてください。

私の保育園では、3歳児クラスぐらいで、全員が「たまたまたしざん」ができるようになります。数字を覚えだしてから1年くらいで、できるようになるといいですね。

0	1	2	3	4	5	6	7	8	9	10

うえの　すうじを　みながら　□に　あてはまる　すうじを　かきましょう。

	1	2	3
1	2		4
2	3		5
3	4		6

4	5		7
5	6		8
6	7		9
7	8		10

「たまたまさんすう」と「たまたまたしざん」

おうちのかたへ……右ページのように1〜10の数字を書きこみ、問題を作ってください。

0	1	2	3	4	5	6	7	8	9	10

うえの すうじを みながら □に あてはまる すうじを かきましょう。

いくつと　いくつで　いくつでしょう。

1 と 1 で 2

と で

と で

と で

と で

と で

「たまたまさんすう」と「たまたまたしざん」

おうちのかたへ……右ページのように数字と●を書きこみ、繰り上がりのない問題を作ってください。まずは「□と1」から、「□と2」「□と3」へと進みましょう。

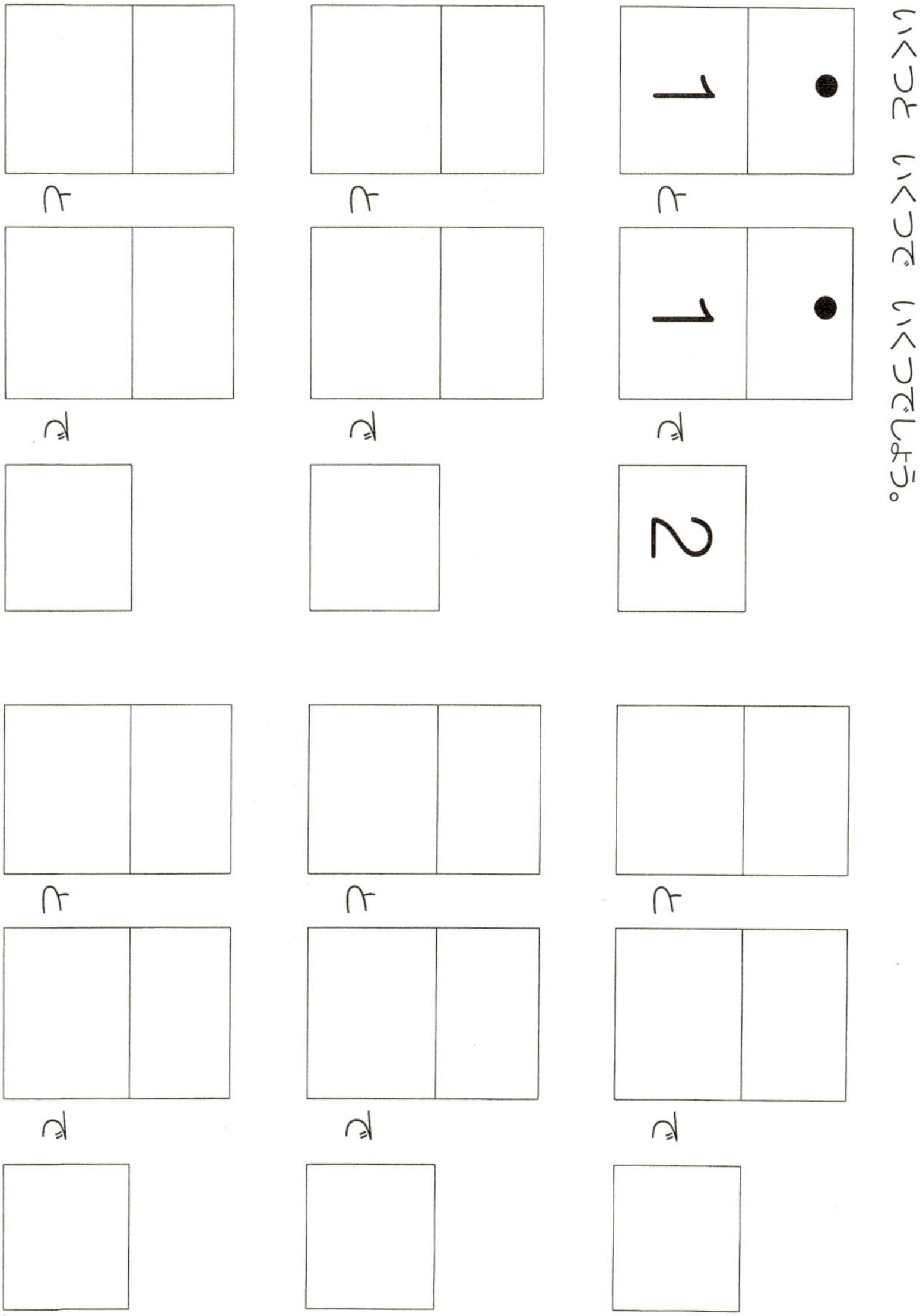

1	2	3	4	5	6	7	8	9	10

たまたまたしざんを　しましょう。

●●●●●●	●

6＋1＝

●●●●●●●●	●

8＋1＝

●●●●●●●●●	●

9＋1＝

●●●●	●

4＋1＝

●●●●●●●	●

7＋1＝

●●●●●	●

5＋1＝

●	●

1＋1＝

●●	●

2＋1＝

●●●	●

3＋1＝

「たまたまさんすう」と「たまたまたしざん」

おうちのかたへ……右ページのように数字と●を書きこみ、問題を作ってください。まずは「　＋1」から、「　＋2」「　＋3」へと進みましょう。上の1～10の数字は、問題を解く時のヒントにしましょう。

1	2	3	4	5	6	7	8	9	10

たまたまたしざんを　しましょう。

＋
＝

＋
＝

＋
＝

＋
＝

＋
＝

＋
＝

＋
＝

＋
＝

＋
＝

1	2	3	4	5	6	7	8	9	10	11	12	13	14	15	16	17	18	19	20

たまたまたしざんを　しましょう。

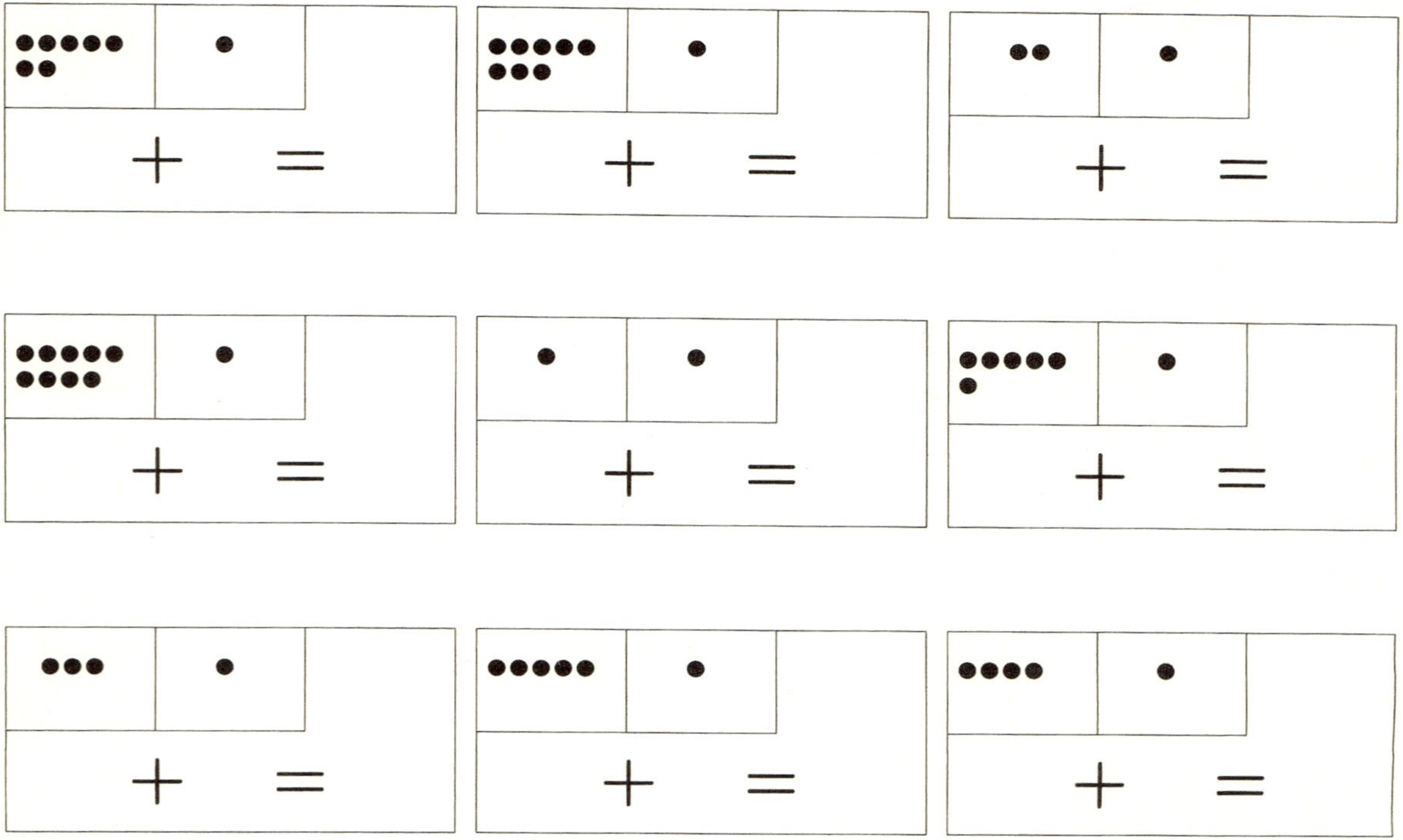

「たまたまさんすう」と「たまたまたしざん」

おうちのかたへ……右ページのように●を書きこみ、問題を作ってください。まずは、「　＋1」から、「　＋2」「　＋3」へと進みましょう。上の1～20の数字は、問題を解く時のヒントにしましょう。

1	2	3	4	5	6	7	8	9	10	11	12	13	14	15	16	17	18	19	20

たまたまたしざんを　しましょう。

＋
＝

＋
＝

＋
＝

＋
＝

＋
＝

＋
＝

＋
＝

＋
＝

＋
＝

あわせて　いくつに　なるでしょう。□に　すうじを　かきましょう。

1 + 6	2 + 4	2 + 7	3 + 7	4 + 8	4 + 9
1 + 3	2 + 5	2 + 2	3 + 9	4 + 5	4 + 7
2 + 9	2 + 3	3 + 4	3 + 5	4 + 6	5 + 5
2 + 8	2 + 6	3 + 8	3 + 6	4 + 4	

おうちのかたへ……右ページのように数字と●を書きこみ、答えが18までの問題を作ってください。

あわせて いくつに なるでしょう。□に すうじを かきましょう。

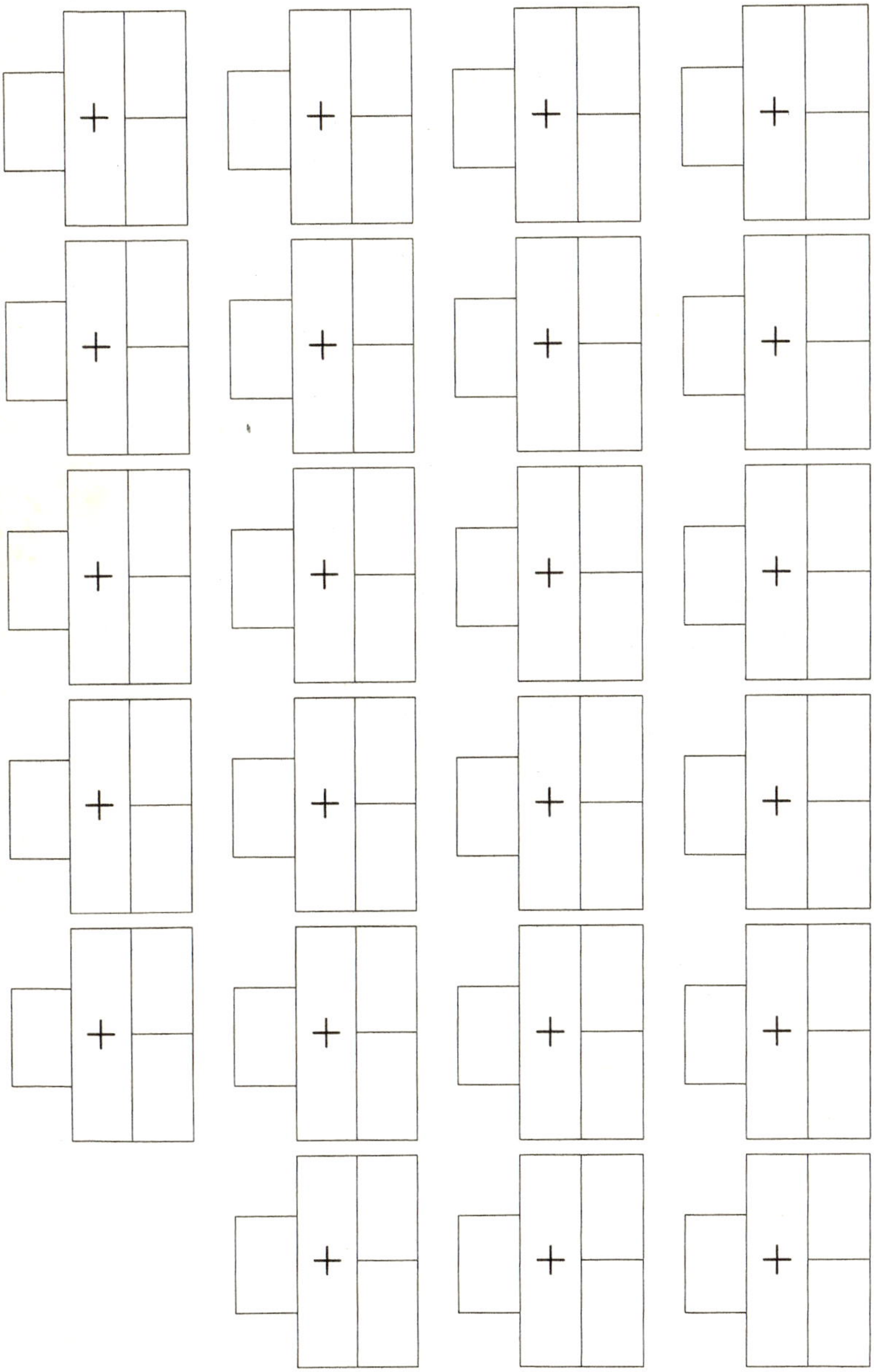

あわせて　いくつに　なるでしょう。□に　すうじを　かきましょう。

●● ●	●●● ●	●●●● ●	●●●●● ●	●●●●●● ●	●●●●●●● ●
2 ＋ 1	3 ＋ 1	4 ＋ 1	5 ＋ 1	6 ＋ 1	7 ＋ 1
□	□	□	□	□	□

●●●●●●●● ●	●●●●●●●●● ●	●● ●●	●●● ●●	●●●● ●●	●●●●● ●●
8 ＋ 1	9 ＋ 1	2 ＋ 2	3 ＋ 2	4 ＋ 2	5 ＋ 2
□	□	□	□	□	□

したの　もんだいも　やって　みましょう。

2＋1＝	7＋1＝	4＋1＝
8＋1＝	3＋1＝	9＋1＝
2＋2＝	3＋2＝	5＋1＝
6＋1＝	5＋2＝	4＋2＝

「たまたまさんすう」と「たまたまたしざん」

おうちのかたへ……右ページのように数字と●を書きこみ、答えが10までの問題を作ってください。

あわせて いくつに なるでしょう。□に すうじを かきましょう。

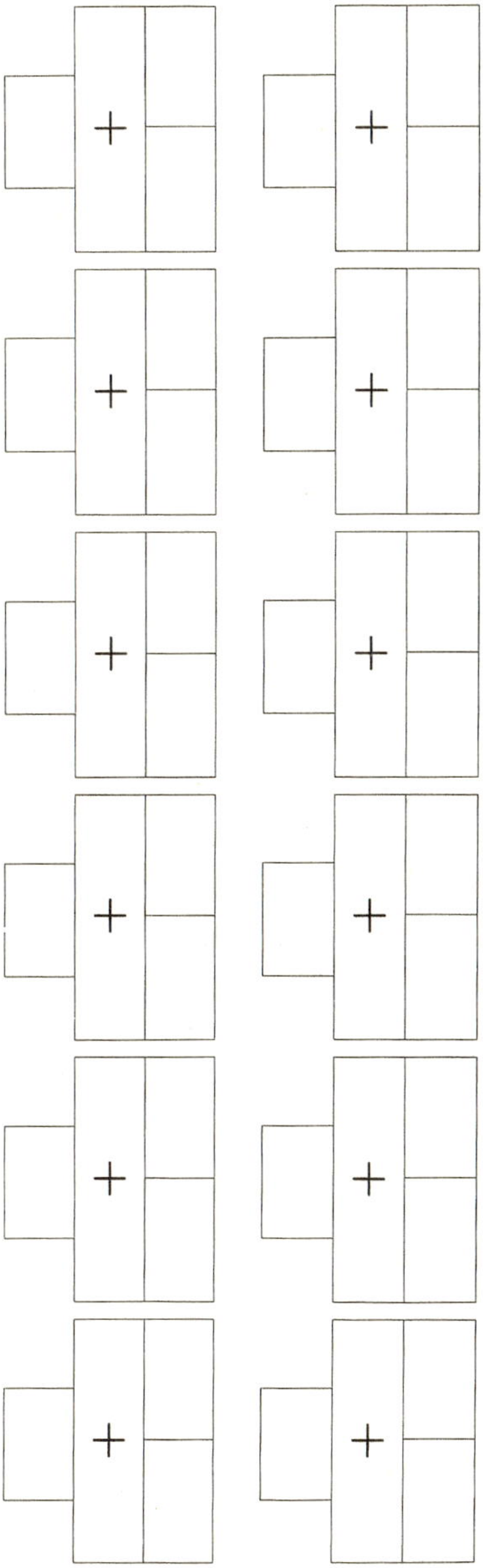

したの もんだいも やって みましょう。

＋ ＝

＋ ＝

＋ ＝

＋ ＝

＋ ＝

＋ ＝

＋ ＝

＋ ＝

＋ ＝

＋ ＝

＋ ＝

＋ ＝

たしざんの　こたえは　いくつに　なるでしょう。

$4+1=$	$5+1=$	$14+1=$
$2+1=$	$3+1=$	$20+1=$
$9+1=$	$11+1=$	$18+1=$
$7+1=$	$16+1=$	$15+1=$
$8+1=$	$12+1=$	$19+1=$
$10+1=$	$13+1=$	$17+1=$

「たまたまさんすう」と「たまたまたしざん」

おうちのかたへ……右ページのように数字と●を書きこみ、問題を作ってください。まずは、「　＋1」から、「　＋2」「　＋3」へと進みましょう。

たしざんの　こたえは　いくつに　なるでしょう。

＋　＝　　＋　＝　　＋　＝
＋　＝　　＋　＝　　＋　＝
＋　＝　　＋　＝　　＋　＝
＋　＝　　＋　＝　　＋　＝
＋　＝　　＋　＝　　＋　＝
＋　＝　　＋　＝　　＋　＝

ひだりのかずと、うえのかずを　たして　□にかきましょう。

● +1	
3	4
5	6
7	
1	
9	
4	
8	
2	
6	

●● +2	
8	
6	
1	
9	
3	
5	
2	
7	
4	

●●● +3	
1	
6	
8	
2	
4	
7	
9	
3	
5	

おうちのかたへ……右ページのように数字を書きこみ、問題を作ってください。

ひだりのかずと、うえのかずを たして □にかきましょう。

＋1

＋2

＋3

ステップ3

「いくつといくつ」

「いくつといくつ」では、10までの数字をふたつに分割することを練習します。足し算と引き算の要素が含まれているので、とても重要な段階です。子どもにとって数を分割するということは、とてもむずかしいことなので、焦らずゆっくりと進めましょう。

いくつといくつ

たまをつかって、解いてみよう。

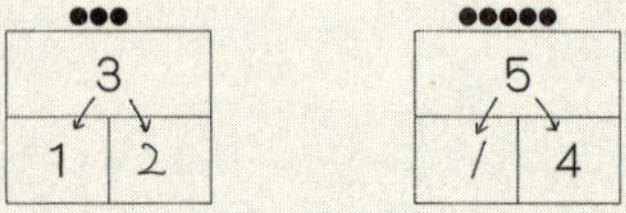

目的

1から10までのかずをイメージして、解くことができる。

例題

10は7と3

7は5と2

3は1と2

いくつといくつに　なるでしょう。

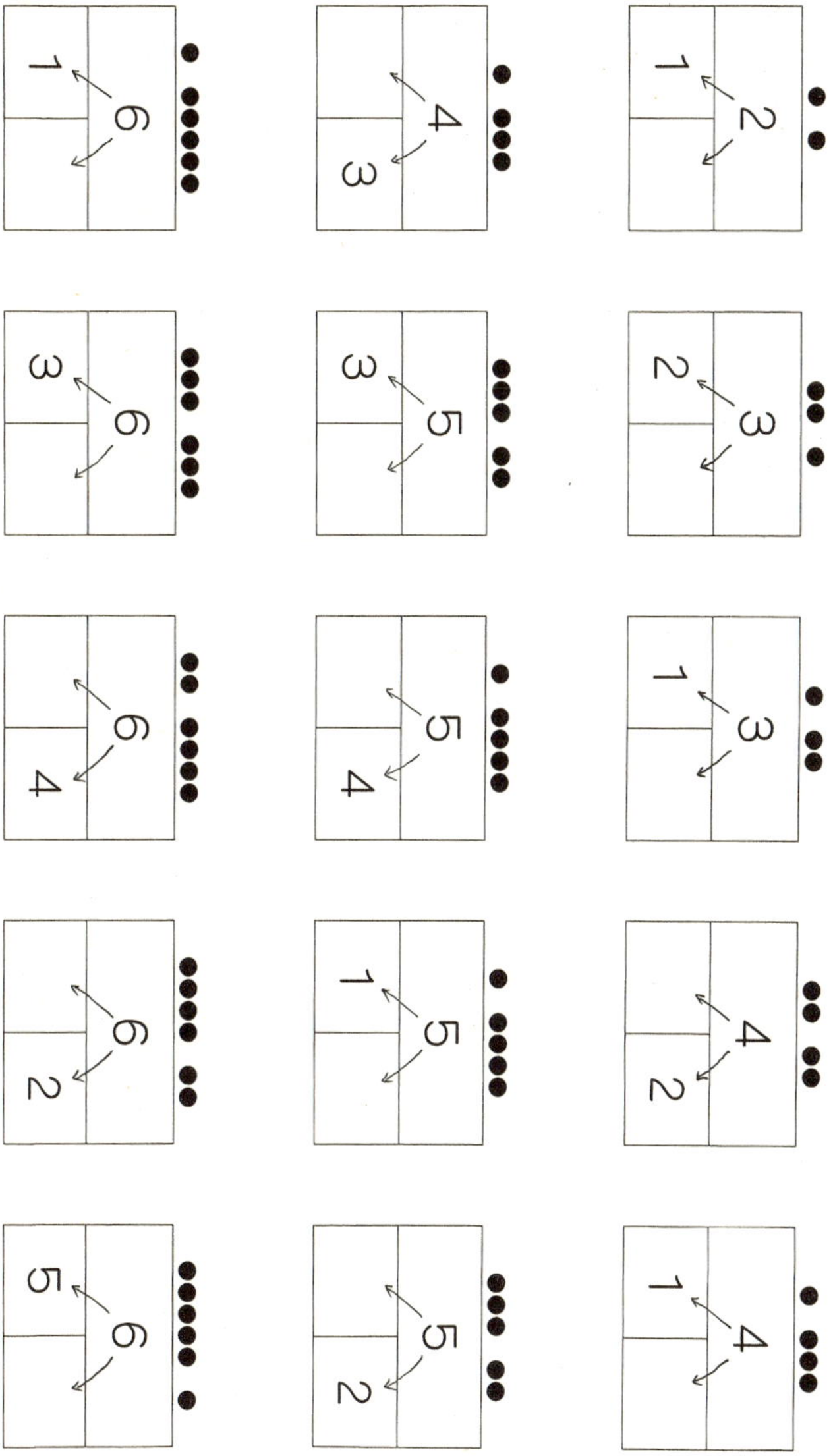

いくつといくつに　なるでしょう。

9	
4	

9	
	2

9	
6	

9	
3	

9	
	7

9	
8	

10	
	1

10	
	6

10	
3	

10	
	8

10	
	5

10	
7	

10	
2	

10	
9	

10	
4	

いくつといくつ

おうちのかたへ……右ページのように1～10までの数字と●を書きこみ、問題を作ってください。

いくつといくつに　なるでしょう。

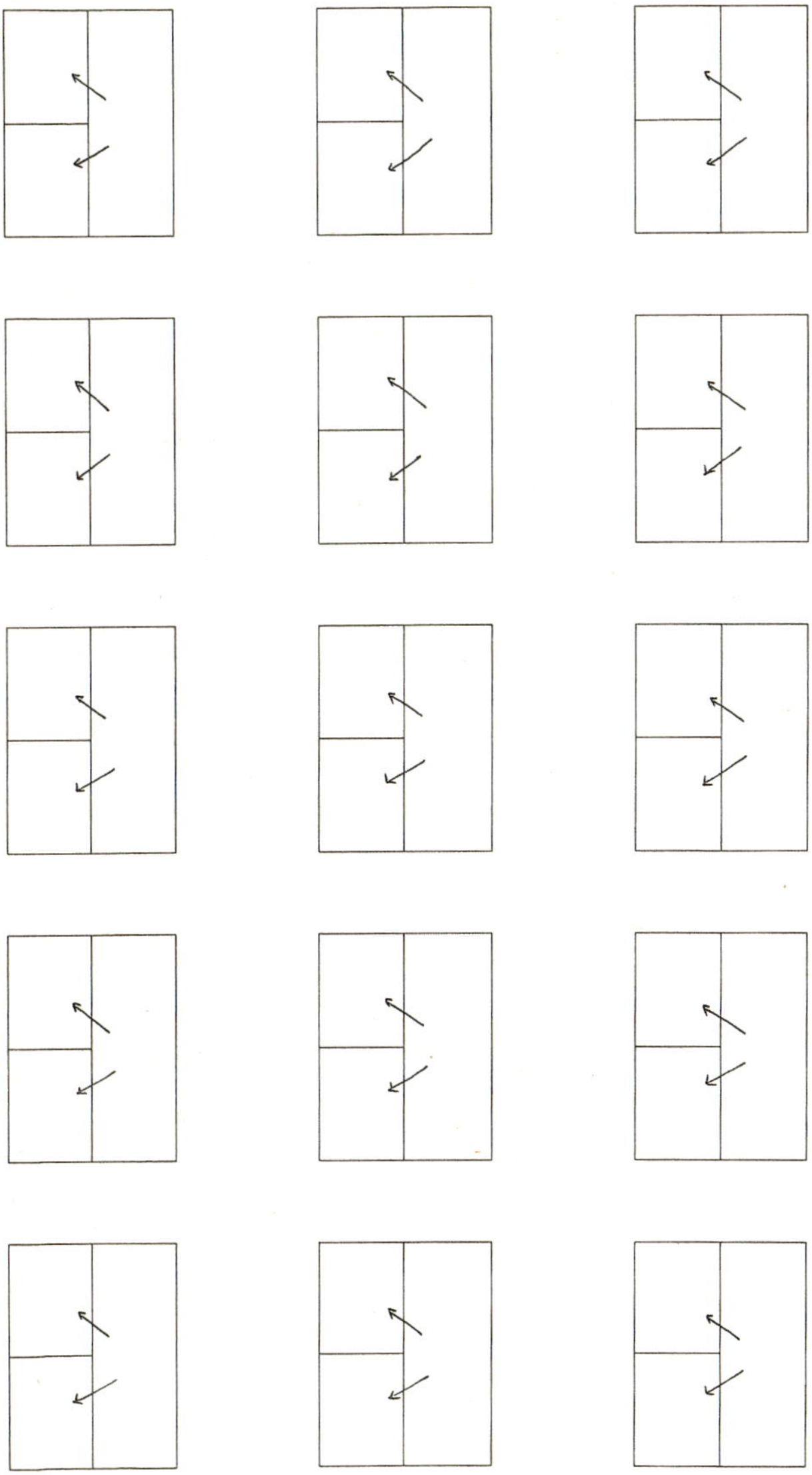

ステップ4

「たまたまたしざん　くりあがり」

まず子どもに、５以上の数字が、５と何に分けられるかを理解させてください。つぎに、10〜19までの数字が、10と何に分けられるかを理解させせます。

繰り上がりのある足し算をする場合には、図1のように5個を1行としてたまを書くとわかりやすくなります。数式だけで計算をする場合は、図2を見ながら、5〜9の数が5と何でできているかを考えると、繰り上がりのコツがつかめます。図3のように、9の場合は（4）、8の場合は（3）と書きこみ、繰り上がりの計算ができるようにします。

たまたまたしざん　くりあがり

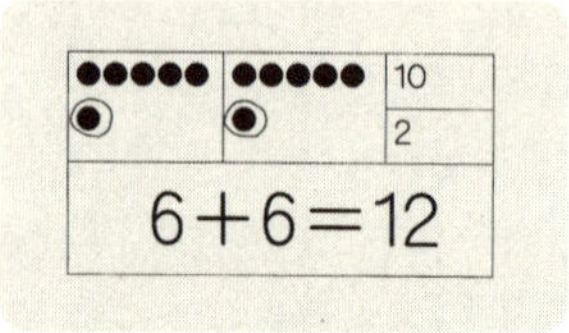

図1

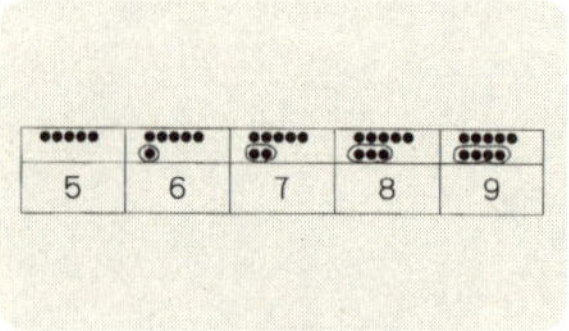

図2

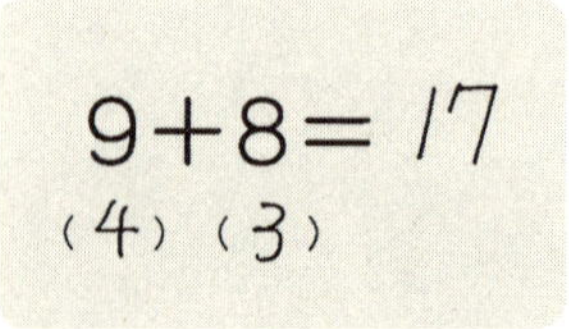

図3

ひだりの　かずだけ　□のなかに
●を　かきましょう。

5

6

7

したの□に　あてはまる
すうじを　かきましょう。

5は5と□

6は5と□

7は5と□

ひだりの　かずだけ　□のなかに　●を　かきましょう。
みぎの　□に　あてはまる　すうじを　かきましょう。

11										

11は10と□

12										

12は10と□

13										

13は10と□

おうちのかたへ……右ページのように10～19の数字を書きこみ、問題を作ってください。

ひだりの　かずだけ　□のなかに　●を　かきましょう。
みぎの　□に　あてはまる　すうじを　かきましょう。

は10と□

は10と□

は10と□

くりあがりたしざんを　しましょう。

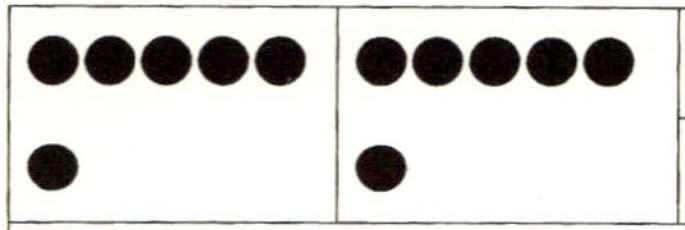

10

2

6＋6＝

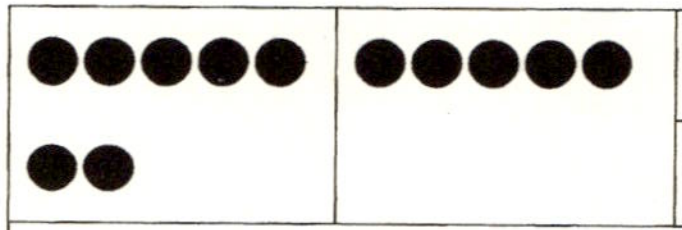

10

2

7＋5＝

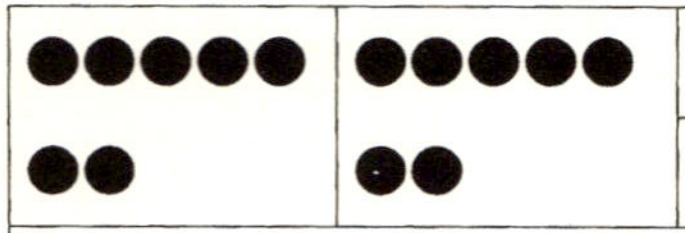

10

4

7＋7＝

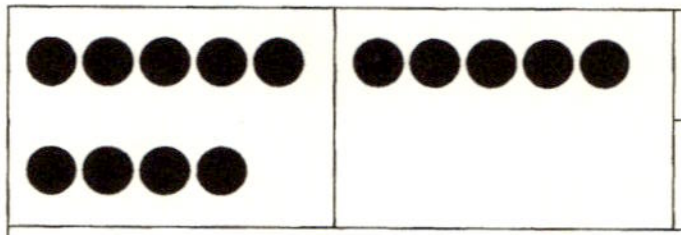

10

4

9＋5＝

10

1

6＋5＝

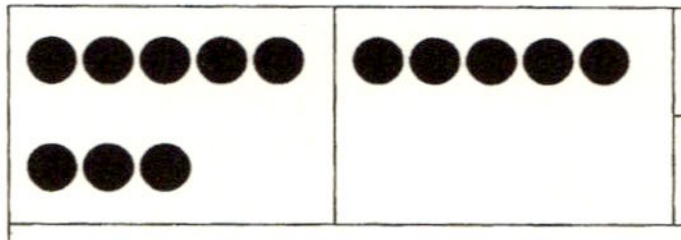

10

3

8＋5＝

おうちのかたへ……右ページのように1〜10の数字と●を書きこみ、答えが20までの繰り上がりのある問題を作ってください。

くりあがりたしざんを　しましょう。

＋
＝

＋
＝

＋
＝

＋
＝

＋
＝

＋
＝

ステップ5

「たまたまひきざん」と「たまたまひきざん　くりさがり」

図1のように、たまを使って「繰り下がりのない引き算」の練習をします。

まずはじめに、引く数のたまを◯で囲んで、残りの数を導き出します。

それができるようになったら、いよいよ「繰り下がりのある引き算」に挑戦です。

図2のように、問題を引き算と足し算に分けて考えます。まず、10から1～9を引く計算をして、（　）のなかにその答えを書き、最後は足し算をして答えを出します。

たまたまひきざん

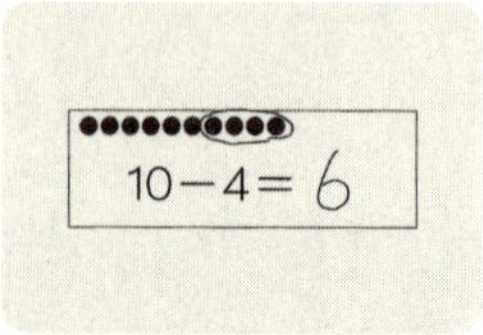

図1

たまたまひきざん　くりさがり

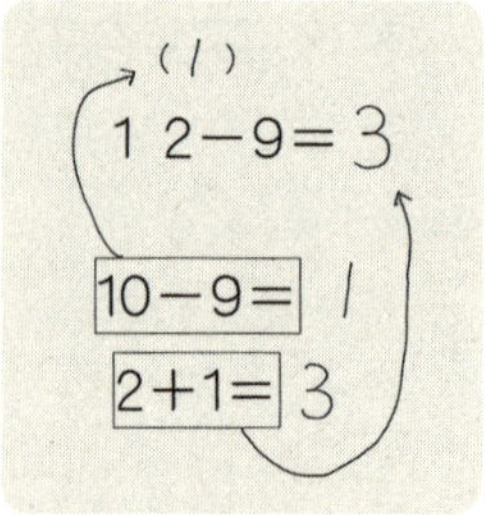

図2

したのカードを　つかって　ひきざんを　しましょう。

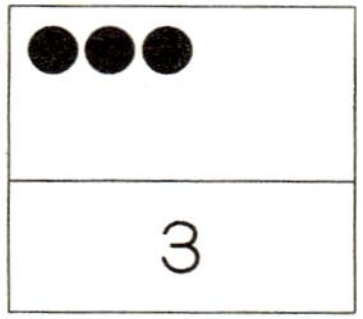

3から　1こ　とったら　のこりが（　　　こ）

3から　2こ　とったら　のこりが（　　　こ）

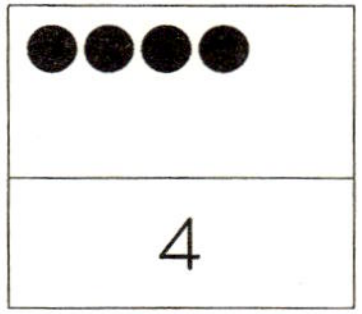

4から　1こ　とったら　のこりが（　　　こ）

4から　3こ　とったら　のこりが（　　　こ）

4から　4こ　とったら　のこりが（　　　こ）

4から　2こ　とったら　のこりが（　　　こ）

したのカードを　つかって　ひきざんを　しましょう。

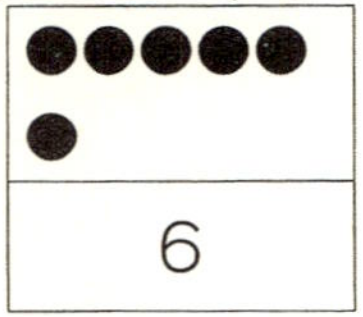

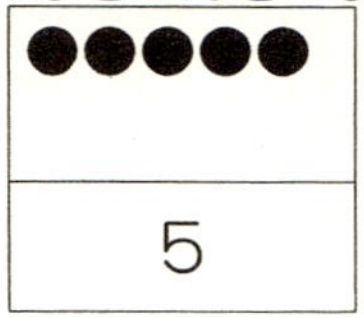

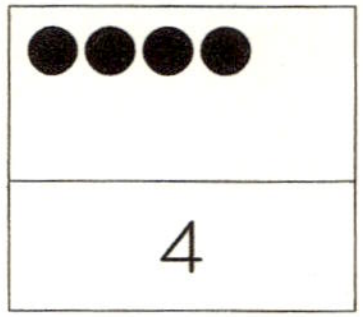

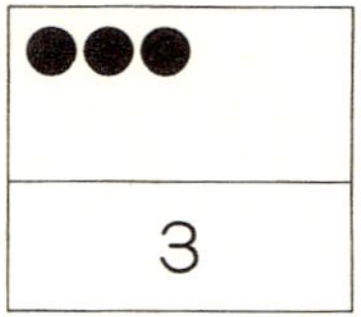

6－5＝

6－4＝

6－2＝

6－3＝

6－1＝

6－6＝

5－2＝

5－4＝

5－5＝

5－3＝

5－1＝

4－2＝

4－4＝

4－3＝

4－1＝

3－3＝

3－2＝

3－1＝

おうちのかたへ……右ページのように1〜6の数字と●を書きこみ、問題を作ってください。

したのカードを　つかって　ひきざんを　しましょう。

●●●●●●●●●●	10

うえのカードを　つかって　けいさんをしてから、（　）に　あてはまる　すうじを　かきましょう。

10－1＝	10－2＝	10は（　　）と8
10－3＝	10－5＝	10は（　　）と2
10－7＝	10－9＝	10は（　　）と5
10－4＝	10－6＝	10は（　　）と9
10－8＝	10－10＝	10は（　　）と1

おうちのかたへ……右ページのように1〜10の数字と●を書きこみ、問題を作ってください。

うえのカードを　つかって　けいさんを　してから、（　）に　あてはまる　すうじを　かきましょう。

－　＝　－　＝　は（　）と

－　＝　－　＝　は（　）と

－　＝　－　＝　は（　）と

－　＝　－　＝　は（　）と

－　＝　－　＝　は（　）と

くりさがりのある　けいさんを　しましょう。

（1） １1−9＝2	（ ） １4−9＝	（ ） １6−8＝
（1） １7−9＝8	（ ） １8−9＝	（ ） １5−8＝
（ ） １2−9＝	（ ） １2−8＝	（ ） １7−8＝
（ ） １6−9＝	（ ） １1−8＝	（ ） １2−7＝
（ ） １3−9＝	（ ） １3−8＝	（ ） １1−7＝
（ ） １5−9＝	（ ） １4−8＝	（ ） １3−7＝

おうちのかたへ……右ページのように数字を書きこみ、繰り下がりのある問題を作ってください。220ページの図2を参照しましょう。

くりさがりのある　けいさんを　しましょう。

(1)
11−9=2

(1)
17−9=8

ステップ６

「おおきいかず」

足し算、引き算の基礎ができたら、今度は大きい数に進みましょう。いよいよお金の計算にチャレンジです。

まずは、１～１２０の数についてです。３桁《けた》の数を読むのは、はじめての子どもにとってはむずかしいことです。10の位と１００の位が理解できるように、図１や２２９ページのように、コインの絵を使って教えてください。

おおきいかず

したに ⑩えんが あります。なんえんでしょう。

⑩		えん
⑩⑩		えん
⑩⑩⑩		えん
⑩⑩⑩⑩		えん
⑩⑩⑩⑩⑩		えん
⑩⑩⑩⑩⑩	⑩	えん
⑩⑩⑩⑩⑩	⑩⑩	えん
⑩⑩⑩⑩⑩	⑩⑩⑩	えん
⑩⑩⑩⑩⑩	⑩⑩⑩⑩	えん
⑩⑩⑩⑩⑩	⑩⑩⑩⑩⑩	えん

図1

おおきいかず

おうちのかたへ……上のように下に⑩⑩①を書きこみ、問題を作ってください。答えの数字を書かせ、読み方を教えましょう。

おおきいかず

1000のくらい	100のくらい	10のくらい
		①
		①
	⑩	①
	⑩	①
	⑩	①
	⑩	①
⑩⑩	⑩	①
100	50	7
157 ひゃく ごじゅう しち		

1000のくらい	100のくらい	10のくらい

ステップ7

「チェリーけいさん」

ステップ6までで、足し算と引き算、大きい数を理解できたら、今度はチェリー計算です。チェリーの絵を使ったり、途中の数字を隠したりと、問題の形式を変えながら、「5」が「いくつ」と「いくつ」に、「10」が「いくつ」と「いくつ」に分けられるかを考えます。

ステップ3の「いくつといくつ」で、ある数をふたつに分ける練習をしましたが、その練習を「5」と「10」に特化して行うと考えれば、わかりやすいでしょう。

たまを使った計算でも、基本となるのは「5」と「10」でした。「5」と「10」の概念をしっかり理解することこそ、繰り上がりや繰り下がりがある計算、大きい数の計算、ソロバンなどへと進む近道なのです。

○に　あうかずを　かきましょう。

5は 1 と ○

5は 2 と ○

5は 3 と ○

5は 4 と ○

5は ○ と 2

5は ○ と 3

5は ○ と 4

5は ○ と 1

5は 2 と ○

5は ○ と 1

5は 3 と ○

5は ○ と 4

（　　）に　あうかずを　かきましょう。

$9 + (\quad\quad) = 10$
$8 + (\quad\quad) = 10$
$7 + (\quad\quad) = 10$
$6 + (\quad\quad) = 10$
$5 + (\quad\quad) = 10$

$4 + (\quad\quad) = 10$
$3 + (\quad\quad) = 10$
$2 + (\quad\quad) = 10$
$1 + (\quad\quad) = 10$
$6 + (\quad\quad) = 10$

$9 + (\quad\quad) = 10$
$7 + (\quad\quad) = 10$

$1 + (\quad\quad) = 10$
$2 + (\quad\quad) = 10$
$3 + (\quad\quad) = 10$
$4 + (\quad\quad) = 10$
$5 + (\quad\quad) = 10$

$6 + (\quad\quad) = 10$
$7 + (\quad\quad) = 10$
$8 + (\quad\quad) = 10$
$9 + (\quad\quad) = 10$
$5 + (\quad\quad) = 10$

$4 + (\quad\quad) = 10$
$10 + (\quad\quad) = 10$

$1 + (\quad\quad) = 10$
$9 + (\quad\quad) = 10$
$2 + (\quad\quad) = 10$
$8 + (\quad\quad) = 10$
$3 + (\quad\quad) = 10$

$7 + (\quad\quad) = 10$
$4 + (\quad\quad) = 10$
$6 + (\quad\quad) = 10$
$5 + (\quad\quad) = 10$
$4 + (\quad\quad) = 10$

$7 + (\quad\quad) = 10$
$9 + (\quad\quad) = 10$

おうちのかたへ……右ページのように1〜10の数字を書きこみ、問題を作ってください。

（　）に　あうかずを　かきましょう。

＋（　）＝10
＋（　）＝10
＋（　）＝10
＋（　）＝10
＋（　）＝10
＋（　）＝10
＋（　）＝10
＋（　）＝10
＋（　）＝10
＋（　）＝10
＋（　）＝10
＋（　）＝10

＋（　）＝10
＋（　）＝10
＋（　）＝10
＋（　）＝10
＋（　）＝10
＋（　）＝10
＋（　）＝10
＋（　）＝10
＋（　）＝10
＋（　）＝10
＋（　）＝10
＋（　）＝10

＋（　）＝10
＋（　）＝10
＋（　）＝10
＋（　）＝10
＋（　）＝10
＋（　）＝10
＋（　）＝10
＋（　）＝10
＋（　）＝10
＋（　）＝10
＋（　）＝10
＋（　）＝10

スペシャルレポート

全国に急増する「ヨコミネ式導入園」の真実

横峯吉文《よこみねよしふみ》氏によって考案された「ヨコミネ式」教育法は、2005年より「YYプロジェクト」という名で全国の幼稚園や保育園に紹介され、つぎつぎと導入されている。初年度の2005年には12園だった導入園が、2007年3月には41園、2008年3月には86園、2009年3月には116園に増加し、2010年4月には200園に及ぶと予想される。導入園は、北海道から沖縄までほぼまんべんなく広がっている。（導入園の情報は、コスモネット http://www.cosmo.bz/yy/list.html を参照のこと）

しかし、ヨコミネ式への関心が高まるなか、まだまだ「YYプロジェクト」導入園は需要に応えられていないのが現状だ。

導入園の人気は凄《すさ》まじく、入園の合格通知が届いた時点で、父親が単身赴任することを決め、母親と子どもだけが幼稚園の近くに引っ越してくるというようなケースも現れはじめた。２００９年10月に青葉《あおば》幼稚園（東京都稲城《いなぎ》市）で行われた２０１０年度の入園説明会には、定員の5倍に達する保護者が参加した。新年度の入園希望受付を行った導入園からは、「開園以来はじめて、受付開始の数時間まえから行列ができた」「受付初日にキャンセル待ちが出た」などの声が聞こえている。年度途中での他園からの転園者も相次いでいる。

導入園が増えても、希望してもなかなか入園できない状態がしばらくは続きそうだ。

東京都稲城市の青葉幼稚園を訪ねると

ところで、ヨコミネ式を導入している幼稚園や保育園について、「横峯氏の手を離れた場所でヨコミネ式教育法はできるのだろうか？」「鹿児島《かごしま》県志布志《しぶし》市のような田舎ではなく、都会でもヨコミネ式は効果があるのだろうか？」と疑問を抱かれる方も少なくないのではなかろうか。

10月半ばのよく晴れたおだやかな日、東京都稲城市にある青葉幼稚園を訪ねた。青葉幼稚園は、年少クラス79人、年中クラス84人、年長クラス82人の私立幼稚園。ＹＹプロジェクト発足時の２００５年に導入した12園のうちのひとつである。

午前8時40分。幼稚園の玄関を入ると……。

ホールでは、7~8人の園児たちが8段の跳び箱をつぎつぎと跳んでいる。手前のマットでは、6人の女児が倒立ブリッジの練習をしている。まだ保育時間が始まっていないというのに、子どもたちは思い思いの活動をたのしんでいた。

ちょうどこの日は保育参観日。9時を回ると、保護者たちが三々五々集まってきた。

体操参観が始まると、年長のほし組やつき組の園児が、跳び箱や三点倒立、逆立ち歩きなどをつぎつぎに披露していく。集まった保護者たちは、わが子の番を心配そうに見守り、成功すると目をあわせて笑顔をかわしながら、ビデオやカメラで子どもたちの勇姿を記録していた。


ホールのすぐとなり、年少のひよこ組の教室をのぞいた。

ひよこ組の1日の活動スケジュールは、つぎのとおりだ。

8時30分　登園後、自由遊び
10時00分　書き取り
10時30分　体操

10時50分　鍵盤《けんばん》ハーモニカ
11時20分　読み
11時55分　かけっこ
12時10分　給食
13時00分　帰る支度
14時00分　降園

アザラシとウルトラマン！

「書き取り」の時間は全員が机に向かい、黙々と教材に取り組む。ヨコミネ式仮名文字練習帳のマス目のなかに、カタカナの「イ」や「ノ」をていねいに書きこんでいく。その間、先生は机を回り、ときにはうしろから、鉛筆を持った園児の手を握って書きかたを教えるなど、子どもそれぞれにあった指示を与える。課題ができた子や質問のある子は、黙って手を挙げて先生を呼び、アドバイスを受けていた。

「書き取り」のあとは、教室の横にあるホールに場所を移して、「体操」の時間だ。まずは先生のポーズをまねて、ジャンプ。その場でピョンピョン跳ねながら、先生が「1、2」と声をかけると、「3、4」と子どもたち。「3、4」と先生。

「5、6」と子どもたち。かけ声をかけることで、数の数えかたも覚えられる工夫がされていた。

続いて、開脚やアザラシ（腹ばいで上半身を反らせる）、ウルトラマン（腹ばいで両腕を前に両足をうしろに伸ばして体を反らせる）などの柔軟体操をしたあと、ブリッジに挑戦。ブリッジを練習し始めてわずか1ヵ月というが、ほとんど全員がマスターしている。まだ完全ではない2～3人の子どもには先生がつきっきりで、「おそばやさんのポーズで手を伸ばして」とアドバイスしながら、腰を持ち上げていた。

「つぎは音楽の時間だから用意をしてね」

先生がそう指示を出すと、みな自分の鍵盤ハーモニカを持ってきて、ホースをさしたり楽譜を広げたりし始める。その間、ふざけたりする子はまったくいない。そういう集中力を、園児たちは入園してわずか6ヵ月の間に、しっかりと身につけているようだ。

続いては「読み」の時間。文字を読む能力については、入園まえの家庭での過ごしかたでかなりの個人差があるらしく、すでにひらがなを読める子は思い思いの絵本を手に取り、自分の椅子《いす》に座って音読をしている。1冊読み終わると、先生のところで本読みノートに本のタイトルを記入してもらい、また新しい絵本を手にして戻ってくる。

まだひらがなを覚えていない数人の子どもは、文字カードを持った先生のまわりに集まり、先生の出すカードを見て「れもんの『れ』」「たぬきの『た』」などと大声で読みあげている。「そうだね、れもんの『れ』だね。覚えたね、○○くん」と先生に認められると、子どもたちが誇らしげな表情をするのが印象的だった。それを見たほかの子どもたちも、負けじと先生の出すカードに注目して……。

「読み」が終わると「かけっこ」だ。青葉幼稚園では、10時から1クラスずつ順番に園庭に出て、かけっこすることになっている。6人ひと組でスタートラインに並び、先生の「よーいドン!」の声とともに競走が始まる。ひとりひとりに1位から6位までの順位がつけられるのも、通山《とおりやま》保育園と同じだ。ともだちに負けたと言って、くやしがる姿も見られるが、たとえ6位であっても順位を与えられることで、子どもは最後まで走り抜いたことを先生から認められたと感じるのだという。

自分を認めてもらいたい

このクラスの担任は、馬場百合子《ばばゆりこ》先生。4年まえにヨコミネ式を導入した直後、2度の産休・育休を取り、2009年4月、本格的に復帰した。復帰した当初は、

今日は保育参観日。お母さんたちの熱い視線を浴びながら、
日頃の練習の成果を見せようとはりきる、年長の園児たち。

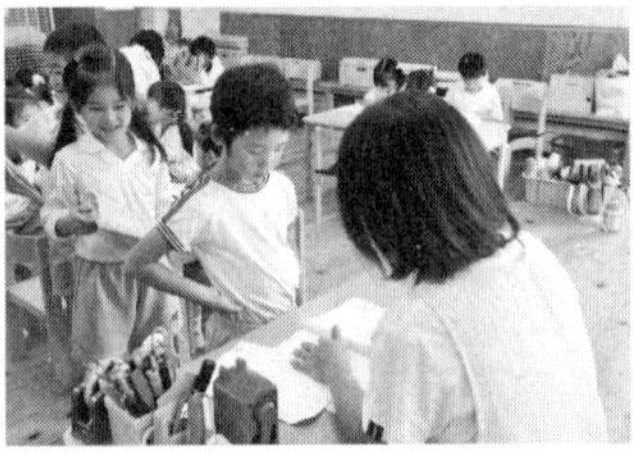

右上＝1文字1文字ていねいに。右下＝担任の先生のきびしいチェック。
左＝質問があるときはだまって手を挙げ、先生を待つ。

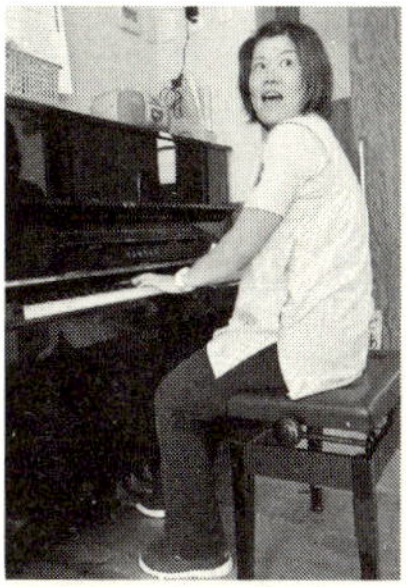

鍵盤ハーモニカの練習を前に、先生の伴奏に合わせて、
歌と踊りでウォーミングアップ！　決まったところで両手を挙げてポーズ。

右＝平仮名の読みを勉強中。「これは何?」（先生）、「みかんの『ん』!」
「しんかんせんの『ん』!」（園児たち）。左＝絵本を音読中。

先生のかけ声で全力疾走をする園児たち。
年長になるとフォームも整ってくる。

以前の園児たちとの変わりように驚いたという。

「なんだこれ！　と思いました。年長さんは逆立ち歩きをしているし、年少さんは鍵盤ハーモニカで曲を立派に吹いている。その頃うちの子がちょうど2歳だったのですが、あまりの違いにびっくりしました。

4月から年少さんの担任をして、子どもたちの急速な成長ぶりを感じています。入園当初は泣いてばかりいた子どもたちが、『自分もやればできる』という自信を持つと、みるみる変わってきたんです。子どもたちの発言が、『先生、できるから見てて』とか『この曲ひけるようになったから聞いて』というような能動的なものになってきました。

読み、書き、計算などの科目の時間だけではなく、挨拶《あいさつ》や片づけなどの生活面でも、自分を認めてもらいたいという意欲を持って、いろいろなことに積極的に取り組んでいるのが伝わってきます。

そんな子どもたちに私は、とくにすごいことをしてあげているわけではありません。子どもたちのしようとしていることを助けているだけ。子どものやる気に私が引っぱられている、そんな感じです」

鹿児島でも東京でも、ヨコミネ式で学ぶ子どもたちは、みな同じような成長の道を歩んでいるのだった。

子どもたちがどんどん積極的になっていく

青葉幼稚園がヨコミネ式を導入したのは、2005年11月のことだ。

鹿児島県志布志市の通山保育園の園児たちが、逆立ち歩きをしたり10段の跳び箱を軽々と跳ぶなど、幼児とは思えない映像を目にした城所達也《きどころたつや》園長が、10月に通山保育園を視察したことがきっかけだった。

当初、園長は運動の指導方法だけを見学しようと考えていたのだが、園に一歩足を踏み入れるや、園児たちの様子にそれは驚いたという。

「いままで見てきた幼稚園や保育園とは、何もかもが違っていました。子どもたちの運動能力や集中力を目《ま》のあたりにしても、これは本物なんだろうか？ と疑問を抱くほどでした。しかし、いきいきと教材に取り組む姿や、子どもたちの目の輝きはもちろん現実です。帰るとすぐに、ふたりの職員に志布志に行ってもらうようお願いし、彼らからも意見を求めることにしました。とまどう一方で、そのときすでに自分の園でもやってみたいという思いが固まっていたような気がします」

園長の指示で、志布志に出張した総括主任の小山裕加《こやまゆか》先生も、教育者としてヨコミネ式幼児教育法に大きな魅力を感じたという。

「通山保育園の子どもたちは、驚くほど素朴なふつうの田舎の子でした。はじめに私にかけてきた言葉は、『なんでスカートなんかはいてんの？　うちの母ちゃんはスカート持ってないよ』なんていうほほえましいもの。しかし、そんな子たちが9時になって教室に入るや一変して、書き取りや拾い読みの自学自習を始めたんです。それも絵本ではなく、小学校1年生の教科書でした。活動と活動の合間には、逆立ち歩きやブリッジをさらりとしてみせ、『見て見てー！』と自分をアピールします。そういう態度は、それまで接してきた子どもたちからはけっして見られないものでした。

通山保育園の先生方は、『こんなことはだれでもできる』とおっしゃるのですが、ほんとうにそうなのか、私たちの園でもできるのか、にわかには判断がつきかねました。そのときは、『自分もこのやりかたで教えてみたい』という積極的な気持ちと、『自分にできるだろうか』という不安感が半々だったと思います」

熱意と不安の入り交じるなか、ヨコミネ式を導入して5年目のいま、「あのとき、導入する決断をしてほんとうによかった」と、ふたりはしみじみ語る。試行錯誤をくり返しつつ取り組んだ1年目が過ぎ、2年目、3年目と年を追うごとに園児たちは明らかに変わっていった。年上の子どもたちを見て、年下の子どもが追いつこうとまねることで、園児たちの成長が一気に加速されたという。

「ともだちに負けたくない」

変化のプロセスを列記してみよう。

まず、時間割りを細かく区切ったことで、子どもの生活にメリハリができた。ゆったりと行動をしていた子どもたちが、「つぎに何をしたらいいのか」を考えて動くようになったのだ。

つぎに、先生の指示を待つばかりだった受け身の態度から、「○○をしたい」という能動的な態度に変わった。「三点倒立ができるようになりたい」「もっと本を読みたい」「幼稚園に行ったら今日は計算をがんばる」と子どもが自分で目標を持ち始めた。

そして、子どもたちが競争心を持つようになった。ヨコミネ式で教えると、努力の成果がはっきりと目に見えるようになるため、「ともだちに負けたくない」という競争心が芽生え、子どもの努力が引き出されるようになったのだ。

指導する先生の側にも変化は起きた。

それまでも、「生活習慣を身につける」「集団生活に慣れる」などの年間目標を立てていたが、ヨコミネ式を採り入れると、「拾い読みができるようになる」「繰り上がりのない足し算ができるようになる」「4段の跳び箱が跳べるようになる」など と、目標がより明確になる。すると、子どもたちのやる気を引き出そうとして先生たちがあの手この手を考えるようになり、ひとりひとりの子どもたちとよりしっかり向きあうようになったのだ。

「たとえば、文字を形よく書けない子には、1画ずつの始点を赤鉛筆で印をつけてあげて、それを目印にして書かせるなどの工夫をしました。読み、書き、計算などの科目が苦手な子にかける気遣いは増えましたが、その子ができるようになったときに感じる、『いっしょに壁を乗り越えた』という達成感は、私たち幼稚園教諭にとって何ものにも代えがたいです。卒園していく子どもに対しても、その子なりの向上心で3年間努力を重ねてきたわけですから、自信を持って小学校へと送り出せます」

小山先生は誇らしげに語っていた。

保護者たちが変わった

「のびのびと育てるためにこの園に入れたのに、勉強をさせるなんて」

「読み書きや体操を、幼稚園の段階で子どもたちに強制する必要があるのか」

ほかの導入園でも見られることだが、青葉幼稚園がヨコミネ式を導入する際には、保護者から少なくない数の反対意見が寄せられている。

園長や職員は、「私たちの信じる教育方針をしばらくの間見守ってほしい」と、説得を続けた。

しばらくすると保護者たちの態度が変わってきた。家に帰った子どもたちが「計算がおもしろい」「今日ブリッジができたよ」とうれしそうに話し、ひとりで絵本を読んでいる様子を見て、保護者たちもヨコミネ式を理解し、その教育法に納得していったのだ。

そして徐々に、ヨコミネ式を望んで青葉幼稚園に入園させる保護者が大半を占めるようになっていった。ヨコミネ式教育法が全国から注目される今日では、電車を乗り継いで1時間かかるほど遠方の住民も入園を希望している。入園希望者は定員を大幅に上回るようになり、入園面接で保護者たちは、「ぜひヨコミネ式の教育をわが子に受けさせたい」ということを切々と語るという。

これまでの「幼稚園や保育園はどこも同じ」という世間一般の考え方は大きく変わり、保護者に「幼児教育の重要性」がはっきりと認識され始めている。まさに、幼稚園・保育園選びは、転換期を迎えているのではないだろうか。

青葉幼稚園（東京都稲城市）の保護者アンケート

青葉幼稚園に子どもを通わせている保護者は、その教育方針を理解して入園させた人、立地条件で選んだ人、きょうだいを通わせていたから自然と選んだ人など、その動機はさまざまだ。そんな保護者たちに、家庭から見た子どもたちの変化、指導法への思いを聞いた。

Q1 幼稚園に通い始めて、お子さんに変化がありましたか？

「すぐに『できない』と言っていた子が、できないことも『ぼく、できるよ！』と言うようになり、ほんとうにできるように努力し始めました」

「帰宅後、逆立ちなどするお兄ちゃんを見て、弟も競ってチャレンジ。兄に対してよい意味での競争心を抱き始めているようです」

「子どもたちも職員も、目標に向かって
日々大切にすごしています」と城所園長

Q2 ヨコミネ式指導法の印象は？

「ついていけなかったらどうしようと心配しましたが、入園して2年半、一度もそんなことはありません。『今日は○○ができた！』という報告を聞くたびに、ささいなことでも毎日必ず何かを達成しているんだと感じています。子どもを前向きにさせる指導法は、すごいですね」

「格差社会と言われていますが、ここの教育を受けていると社会人になって困難に遭遇しても、それに耐えられると思います」

「子どもの本来あるべきものを重視していて、すばらしいと思います」

Q3 お子さんには将来どんな大人になってほしいですか？

「やさしくて強い人。精神面が強ければ、どんな職業についてもがんばれると思う」

「物事を見極める力をつけ、自分の選んだ道を切り開いていける人間」

おわりに
「ヨコミネ式」の野望

これはきっと、果てしない仕事になる。

8年まえ、私の保育園の子どもたちに自学自習が根づき、「この方法でいいんだ」と確信したとき、私は喜びと同時に、少し気が遠くなったものです。

はじめから出来の悪い子なんていない。このやりかたが全国に浸透すれば、日本中の落ちこぼれを救うことができる。落ちこぼれがいなくなれば、日本という国は、ふたたび活力とプライドを取り戻すことができる。

大げさなようですが、私は本気でそう思っているのです。

しかし、私がいくら本を書いたり、講演をして回ったりしたところで、訴える力はまだ足りません。まずはここ志布志《しぶし》で、100パーセントの実績をつくること。自身にそんな目標を掲げ、覚悟を決めて、これまで子どもたちと向きあってきました。

百聞は一見に如《し》かず。

テレビに取りあげられた影響は、まさにこの言葉どおりでした。

全国のみなさんに認知されるようになると、今度はこう尋ねられるようになりました。

「それで、実績はどうなんですか？」

この質問の真意は、「卒業生の何人が有名中学や東大に合格したんですか」ということなのでしょう。本書を通読してくださったみなさんには、この質問がいかに的外れかがわかっていただけると思いますが、いまの日本に蔓延《まんえん》する教育観からすると、そんな質問が出るのは仕方のないことだと思います。

ただ、誤解を恐れずに言えば、結果は、あと数年のうちに出ます。

私が提唱する「自学自習の精神」を身につけた子どもたちが、どんなことをやってのけるのか、私自身もたのしみで仕方がありません。

具体的には、学童クラスに通う子どもたち全員が、ソロバン検定と暗算検定で1級を取るという目標が、近い将来達成されるでしょう。それだけでなく、英検、漢検、ピアノ……さまざまな分野ですばらしい成績を収めてくれると思います。

ただ、本編でも述べたように、私の教育の目標は「東大入学」ではありません。

偏差値が高い子どもが「天才」なのではありません。自立を果たし、自分にしかできない何かを見つけて、それに実直に取り組む才能、「天命」を全うする才能、それこそが

「天才」なのです。

もちろんなかには、東大に進学する子も現れるでしょう。オリンピックで金メダルを取るアスリートも出てくるかもしれません。その一方で、宮大工の道を極める子や看護師になる子もいる。社会の構成員のひとりとしての自覚を持ち、世のため人のためになることが、「ヨコミネ式」のゴールなのです。

こうして、生きる意味と目的を思いだした人間は、家族を大切にし、子孫を残し、やがて彼らを正しく導いていきます。

子どもは国の宝です。なのに、間違った教育で、子どもたちはどんどんダメな方向へ追いやられているのが現状ではありませんか。努力を惜しみ、スポイルされてしまった教育現場を変えることが急務なのです。

「子どもを変えたいなら、日本を変えたいなら、小学校に上がるまえから始めよう!」

このことを、声を大にして言い続けたいと思います。

もしも日本が国を挙げて、小学校教育につながる3歳児教育に取り組むようになれば、日本の教育レベルは世界のトップクラスに返り咲くことでしょう。不況にあえぐことも、他国の脅威におびえることもない国づくりが実現します。

提携幼稚園・保育園が全国的な広がりを見せ始めているいま、山は動き始めた、と実感しています。ただし、ほんとうに山を動かしているのは、私ではありません。
これからの日本を変えるのは、保育園でとびきりの笑顔を見せてくれる、あの子どもたちなのです。

２００９年12月

横峯吉文《よこみねよしふみ》

著者紹介

横峯吉文

よこみね・よしふみ

1980年、鹿児島県志布志市に
社会福祉法人純真福祉会「通山保育園」を設立。
現在は、「通山保育園」「伊崎田保育園」「たちばな保育園」と
「太陽の子山学校演習場」「太陽の子児童館」の理事長。
読み・書き・計算の自学自習を基本にした「ヨコミネ式」幼児教育法は、
全国の教育関係者の注目を集めている。

「ヨコミネ式」幼児教育法は、YYプロジェクトとして全国に展開され、
カリキュラムを導入する保育園、幼稚園が急増している。
コスモネット　http://www.cosmo.bz/

「ヨコミネ式《しき》」天才《てんさい》づくりの教《きよう》科《か》書《しよ》

いますぐ家庭《かてい》で使《つか》える「読《よ》み・書《か》き・計算《けいさん》」の教材《きようざい》

2010年1月14日　第1刷発行

著者…………横峯吉文《よこみねよしふみ》

発行者………鈴木 哲

発行所………株式会社講談社

東京都文京区音羽2-12-21
〒112-8001
電話　出版部03-5395-3535
販売部03-5395-3625
業務部03-5395-3615

印刷所………慶昌堂印刷株式会社
製本所………大口製本印刷株式会社

N.D.C.376 254p 20cm　ISBN978-4-06-215886-2

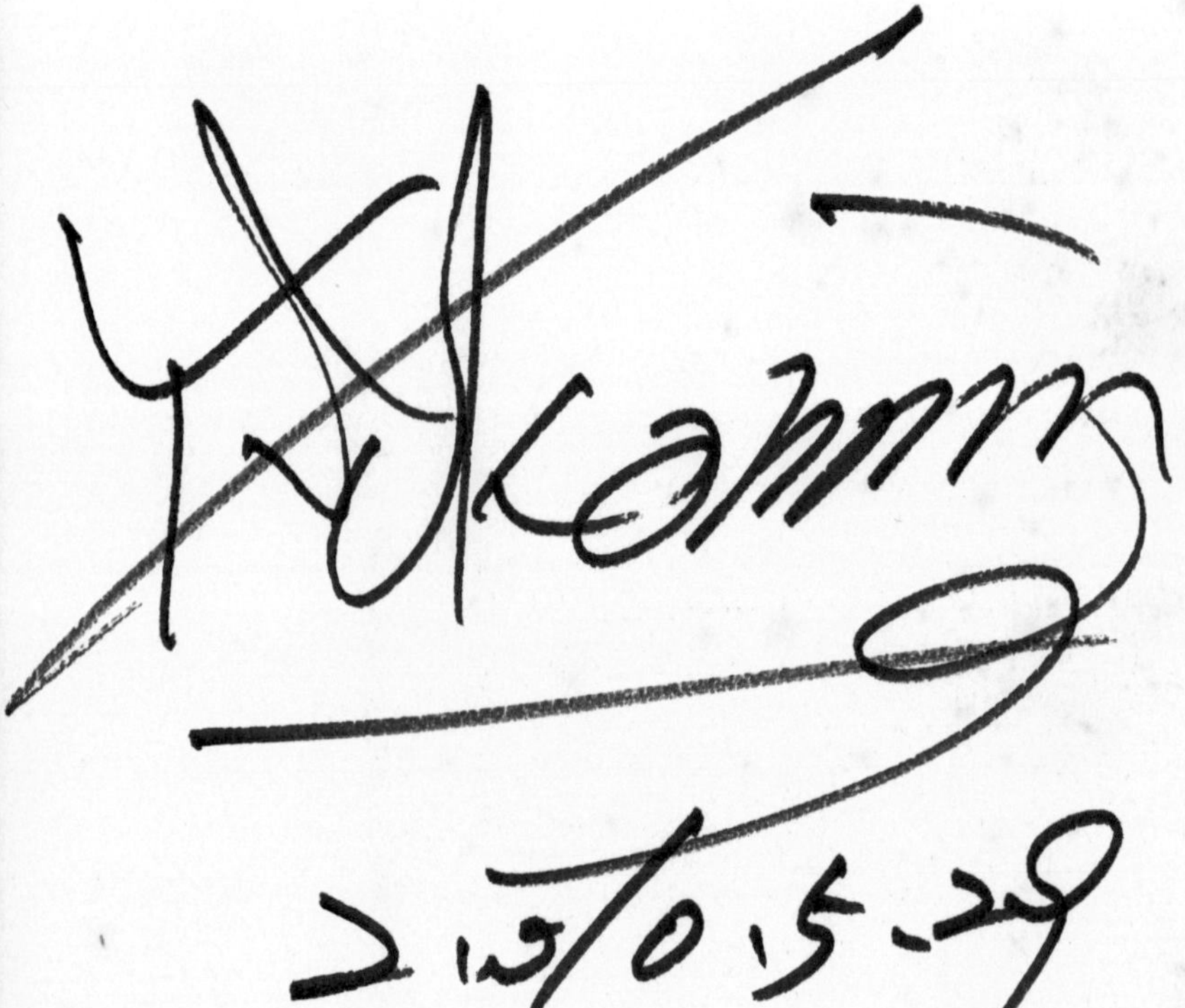